Seadove

Seadove

Seadove

Seadove

The Power of Inner Peace

心靜的力量

有錢人放在床頭的一本書

創造財富最強大的力量

籌劃70年寫成的終極成功學

亞馬遜書店五顆星讚譽，已翻譯成26種文字，在34個國家出版！

「百萬富翁的創造者」，500位政商名人共同運用的致勝秘訣！

Napoleon Hill **拿破崙．希爾** 著　**李慧泉** 譯

前言

拿破崙・希爾是全世界有名的成功學大師。他出身寒門，貧窮過，富有過，成功過，失敗過，離過婚，遭遇過暗殺，被人遺忘過，被人誣陷過……最輝煌的時候出任美國總統顧問，最低谷的時候六十五歲竟然變成窮光蛋，無論輝煌還是低谷，他都沒有放棄對夢想的追求，終於找到人們夢寐以求的人生真諦——如何才可以成功。他有這樣的傳奇人生，結合他的著述，不難看出，重要的是：他有一個無論在什麼情況下都可以冷靜分析的大腦，無論面臨多麼大的困難，都可以找到構築成功的經驗，其分量可想而知！

每個人最初的改變都是透過思考分析而由內心開始，拿破崙・希爾成功學的核心思想也是如此。他告訴我們，想要達到什麼目標，只要先讓心靜下來，就可以找到方法。**因為靜心是養成好習慣的開始，靜心是專注的前提條件，靜心是反省自己的頓悟，靜心是改變自己的萌芽，**

靜心也是成功的緣起。在本書中，我們主要收集拿破崙·希爾涉及以上所說的各方面的文章。這些文章解說由「靜心」而變得內心充實的內涵，也總結如何靜心的方法，教讀者從哪些方面如何去做，才可以獲得更大的成功和富有。而且，針對現代人面臨的煩惱和困惑、各種壓力、無數兩難的抉擇，本書都給出分析和解答，促使每個讀者由心而始，達成夢想，讓人生變得更美好！

本書是根據全世界最早的成功學大師拿破崙·希爾有關從內心尋找獲得成功動力的文章所編撰而成，其中有他拜訪幾百個成功人士以後總結而來的智慧經驗，是他引導全世界數億讀者改變命運獲得成功的指南。

目錄

第二章：以簡單的心態，活出生命的寬度

第三章：控制情緒，才可以不過低配的人生

第四章：挖掘內心的力量，你的人生永遠不設限

第五章：克服孤獨與困頓，生活不憐憫弱者

第六章：將來的你，一定會感謝現在拼命的自己

第七章：只有你，才可以讓自己的人生更美好

—第一章—

可以卑微，但是不能失去內心的平靜

成功的人都有一套改變思路的方法

人生最大的弱點，就是經常太快說出「不可能」。對於說這種話的人而言，最保險的方式好像就是「不可能」。

愛因斯坦曾經被問及他是如何發現「相對論」，他的回答是：「我對一個不可辯駁的原理提出質疑。」朋友們，請把「不可能」這個詞語從自己的腦海中抹去吧！如果你面臨一座山峰，別人想說服你相信這座山峰是不可戰勝的，你就開始制定一個計畫，努力攀登，然後站在山巔，向那些潑冷水的人證明：也許你們做不到，但是有人可以做到！

別人對你選擇的道路提出異議甚至斥責的時候，你必須坦然面對。輸家經常會把怨氣拋向贏家，因為消極與積極總是難以調和。你在向成功奮進的過程中會經歷四個階段，這四個階段非常具有典型意義，可以說，每個成功人士都要經歷。

第一階段：你有一個新想法，但是在這個想法取得成功之前，你會受到許多「踏實派人士」的嘲笑。

第二階段：你堅持不懈的努力終於修成正果，取得更大的成功。這個時候，你會飽受誤解與忌妒的目光，人們不樂於看到你取得成功。

第三階段：你的成功不斷升級，你也始終不渝地為實現目標而努力。這個時候，人們會害怕你，而且這種害怕會變異成進攻，你會受到批評甚至攻擊。如果你受到強烈的攻擊，你一定不要放棄，因為這表示你距離最終的關鍵已經非常接近，即將取得最後的成功。

第四階段：如果你繼續堅持下去，就會實現夢想的目標。你瘋狂的、不可能的、不尋常的想法成功了！這個時候，那些曾經嘲笑你、忌妒你、批評你的人，會走過來拍著你的肩膀說：「太棒了！我早就說過，你會成功的！有朝一日，你會成為名人！」

漠不關心的人生態度有什麼不好？

成功人士可以獲得今天的成就，是因為他們每天比別人多付出一些。

五年前，傑利在一家飯店擔任夜間核數員的工作。一天晚上，傑利正在大廳核對一項資料，突然接到一通電話。

「您好！有什麼可以為您效勞的嗎？」傑利禮貌地問。

「哦，你好！」傳來一個女人的聲音：「哈瑞先生是我的丈夫，他現在住在你們飯店的家園套房裡。明天是我丈夫的生日，我們五歲的女兒想送給她父親一份禮物，你是否可以幫她這個忙？」

接著，電話裡傳來小女孩的聲音：「叔叔，你好！我想送爸爸一件生日禮物！」

「是什麼禮物？」傑利問。

「一份有薄煎餅、雞蛋、燻肉的早餐，那是平時爸爸最喜歡吃的早餐！」小女孩說。

「太好了！我可以為可愛的小姐做什麼嗎？」

「請幫我訂一份這樣的早餐送給爸爸！」

「好的，我願意為你效勞！」傑利高興地說。傑利知道，飯店裡沒有配套的早餐服務，這也不屬於他的工作範圍，但是他不想讓小女孩失望。

第二天早上，傑利下班以後，開車在附近尋找有薄煎餅、雞蛋、燻肉的早餐。買好早餐，路過一家禮品店的時候，他又停下來，買了一張賀卡，用一支蠟筆在上面寫著：「祝爸爸生日快樂」，落款是「爸爸的乖女兒」。然後，傑利返回飯店，把餐盒送到家園套房的哈瑞手裡，這位父親又是驚訝又是感激。

傑利不認為自己做了一件多大的好事，他只是不願意讓小女孩失望。他和哈瑞先生一樣，有一個可愛的女兒。他想，假如小女孩是自己的女兒，他可以拒絕孩子這個再簡單不過的要求嗎？可是傑利沒有想到，這件小禮物，這份包含父女之愛的早餐，給一個長期出門在外的父親帶來那麼多的欣慰和快樂——哈瑞先生從中感受到家庭的溫馨，親人的眷愛沒有因為他的遠離而有所減弱，而是始終陪伴他和跟隨他，並且為之深深感動。

使哈瑞感動的還有另一個原因，那就是飯店的員工傑利，他完全理解這份簡單禮物的珍貴含義，並且完美地實現它。雖然買一份早餐不需要付出太多精力，但是可以提供如此周到的服務，並且在服務中表現溫情的飯店員工，畢竟是少數。因此，哈瑞先生在離開飯店以前，詳細詢問傑利的情況，並且將傑利的名字寫在自己的記事本裡。

兩年後的一天，傑利收到一份邀請函，發出邀請的正是那位曾經住在他們飯店的家園套房裡的父親——哈瑞。哈瑞邀請傑利參加在紐約舉行的一家飯店的開幕儀式——這家飯店是由哈瑞創辦的，並且要傑利的妻子和女兒一同前往。

傑利接受哈瑞的邀請，並且細心地為哈瑞的飯店進行各種資料的核算。像上次一樣，這不是傑利分內的工作，但是傑利仍然這樣做。按照他的話來說，他不介意多做一些——就這樣，傑利為哈瑞的飯店節省許多不必要的開支。

這件事情過了三個月以後，傑利再次收到哈瑞的邀請。哈瑞在信裡說，他一直期待一位像傑利這樣的助手，和他共同管理飯店。如果傑利想要在紐約工作，他可以為他提供一個職位。傑利接受邀請，加入到一項全新的事業中。由於傑利擁有豐富的飯店工作經驗，他很快適應現在的新工作。

傑利，那個不在乎多做一些的核數員，那個願意放棄四十分鐘的休息時間，為一個不認識的小女孩提供理想服務的年輕人，現在已經是這家飯店的股東之一。

當你遭遇心靈低谷的時候，牢記一些話

人生難免遇到低潮，當我們遇到低潮的時候，誰來拍拍我們的肩膀，給我們打氣？

事實上，當我們遇到低潮的時候，真正可以為我們打氣的人寥寥無幾。或許你的老師和長輩會為你打氣，但是他們不可能每天拍著你的肩膀。父母兄弟呢？他們當然疼愛你，但他們又是最有可能打擊你的人——很多父母看到陷入低潮的子女，不僅沒有鼓勵，反而不斷責罵。兄弟也是如此。

當你遇到低潮的時候，要自己鼓勵自己！

我不否定別人的鼓勵作用，事實上，別人的鼓勵會讓你暫時走出無助，找到振臂一揮的感覺，可是那股奮起的力量終究會曇花一現。

千萬不要乞求和期望得到別人的鼓勵，因為那樣只會讓你像一個可憐蟲，這種鼓勵帶有憐惘的意味。**千萬不要依靠別人的鼓勵來產生勇氣和力量，因為未來的道路還會有許多坎坷，不是每次你低潮的時候，都會有人來鼓勵你。**

要學會自己鼓勵自己，讓勇氣和力量在自己心中油然而生。這樣一來，你內在的能量就像打開泉孔，泉水自己源源湧出，任何時候和任何狀況，你都可以自己取用。

遇到低潮的時候，首先要有「活下去」的決心，因為這是「自己鼓勵自己」的先決條件。

你要告訴自己：我一定要度過這個低潮，我要做給別人看，向所有人證明我的強韌！我要為自己爭一口氣，不要被別人看輕。

有這樣堅定的信念中，你就會從此崛起，無所不能。生活中，還會有挫折與沮喪和漫漫長夜的等待，只要你握著一支希望的蠟燭，播下辛勤的種子，人生就會收穫豐碩的果實。

你可以在牆上貼滿勵志標語，每天在固定的時間默念；你可以找一個僻靜的地方，痛快地流淚；你可以閱讀成功人士的傳記；你可以借助運動來強化意志，忘卻沮喪。

當你遭遇心靈低谷的時候，仍然要把頭抬起來，把腰板挺直。堅強一點！挺一挺就過去了！

假設每個人都是你的貴人

你從事的是什麼行業？為了幫助你成功，你應該說：「我從事的是人際關係的行業。」

事實上，每個人都是在從事人際關係的行業。保險業是在從事人際關係的行業，房地產是在從事人際關係的行業，直銷業是在從事人際關係的行業，電腦業也是在從事人際關係的行業。任何人都一樣，都是在從事人際關係的行業。

你可能只是一個家庭主婦，但是家庭主婦也需要與某些人保持良好的關係，可能是你的小孩，所以你也是在從事人際關係的行業。

人際關係好，才會成功。人際關係好，事業才會做得好。

所有的生意競爭到最後都取決於人際關係。請問：假如有兩個人賣給你一樣的產品、一樣的價格、一樣的服務，同樣的品質與品牌，最後你買誰的？當然是與你關係比較好的人。

人際關係幾乎佔成功六〇％以上，所以要非常注重自己的人際關係。

既然如此，要如何做到？很簡單，人們需要什麼？你只要好好想一下，就會知道如何做。**給予別人所需要的，就會贏得別人的喜歡，這是恆久不變的法則。這樣一來，你必須關心每個與你交往的人，才會有辦法瞭解他們。**

每個人都需要被關心、被重視、被瞭解、被感謝、被讚美，都需要被別人感興趣。也就是說，你一定要關心人和重視人，對別人感興趣，讓別人可以感覺到這些感受，這就是保持良好人際關係的方法。

但是一般人對人冷漠，隱藏自己的熱情，只重視自己，不重視別人，甚至樓上樓下住了一年，每天碰面也不曾打過一個帶有微笑的招呼。

可是對你有幫助、有好處、有恩惠的人，你一定會禮遇和重視他們，甚至會巴結他們。

假如你可以對每個人都以貴人心態去面對，與他們交往，你的人際關係立刻會變得很好。

如果人際關係變好之後，你會發現，每個人都會反過來對你好。你的付出，終有一天會得到回報。

先假設每個人都是貴人並且對待他們，然後每個人真的會成為你的貴人。

既然每個人都是貴人，今後你會怎麼與每個見到的人相處？你會如何重視他們？相信你一定已經知道了。

如果人際關係又寬又廣，如果你與一群人相處得非常好，無論你從事什麼行業，開創什麼事業，或是要達成什麼目標，都會如魚得水，水到渠成。

一個倒楣蛋變成億萬富翁的啟示

喬・吉拉德被譽為「美國最偉大的業務員」，他在十五年之中，總共賣出一萬三千零一輛汽車，僅一年就賣出一千四百二十五輛，被載入金氏世界紀錄大全。他可以取得如此傲人的成績，想像力可謂功不可沒。

「在我的詞庫裡，心理學家所說的『想像』似乎有些不切實際的意味，所以我更喜歡把它叫做『繪製幻想圖』。這種技巧可以幫助我有效地將夢想變成現實，並且根據不同的需要，透過不同的方式發生作用，例如：減肥、戒菸、舒緩壓力、建立信心、增加意志力。」

喬・吉拉德這樣繪製他的「幻想圖」：

「找一個閒暇的日子，找一間空寂的辦公室，或是在自己的房間裡，或是在庭院的一角——在任何讓你感到放鬆的地方，只要不受別人干擾。舒服地坐下來，可以坐在椅子上、地

板上、草坪上，然後慢慢閉上眼睛。現在，你開始幻想：自己的面前已經支起畫架，鋪好畫布，並且挑選一支小畫筆，蘸滿油墨或水彩。接下來，你可以按照自己的意願，在幻想中畫畫。如果你不滿意，可以立刻把它擦去，從頭再來。無論你幻想什麼，都應該想著它、『看見』它、做到它。」

喬・吉拉德年輕的時候和父親住在一起，父親總是說他將來絕對不會有什麼出息，父親的消極態度成為他後來取得成功的原因。年輕氣盛的他，做事的動機就是為了「要做給父親看」！

「當我開始推銷汽車的時候，已經三十五歲了。那個時候，我對自己信心不足，疑慮重重。畢竟，我剛在住宅建築生意中栽跟頭。所以，父親說我不會有什麼出息的時候，我也似乎覺得他說得沒錯。不久以後，我開始嘗試改變自己。下班以後，我獨自一人坐在自己的辦公室裡，身心盡情放鬆，把外界的所有事物拋在腦後。接著，我閉上雙眼，攤開『畫布』，握緊『畫筆』。那個時候，沒有人告訴我應該做什麼，又應該怎麼做。恍惚間，只覺得有一個念頭在支配我的行動。我畫了一幅人物肖像，畫的不是我，而是我的父親，我在畫中根本看不見任何自己的影子。我看到的父親皺著眉頭，癟著嘴教訓我：喬，瞧你那個模樣，將來絕對不會有什麼出息。我每天注視這幅畫，並且在心裡體會有朝一日可以證明他錯了的快感。或許這樣的動機不對，但是我仍然把它運用到推銷中，那就是隨時銘記我父親的形象。瞧，不可思議的事情發生了：我的汽車銷售業績就像燎原之火一樣遍地開花。」

喬・吉拉德不僅想像父親的模樣，而且把他的照片鑲上鏡框，擺在辦公桌上。這個時候的幻想圖，實際上已經變成真正的圖畫，他每天看著它，並且堅定「做給父親看」的信念。

三年後，喬・吉拉德三十八歲，終於成為世界上頭號零售業務員——多年來，他哪裡是在向顧客和業主推銷汽車，簡直就是在對著畫中的父親，費盡心血地推銷每輛汽車。

只有想不到，沒有做不到。喬・吉拉德就是這樣天才地將想像力發揮到極致，進而由一個擦皮鞋出身的孩童登上人生輝煌的頂峰。

不要把時光浪費在昨天的損失上

你是否已經習慣為失去的惋惜，習慣感慨失去事物的美好？從現在開始，收回你的惋惜和感慨，好好珍惜現在。

約翰在做一個夏天的旅遊嚮導工作，因為他做的工作多於他得到的報酬，有些從芝加哥來的旅客為他安排去美國旅遊一次，行程包括在華盛頓觀光一天。

約翰到達華盛頓的時候，在旅館登記。他在那裡的帳單已經有人預付，這使他非常高興。可是，當他準備睡覺的時候，一個意外的打擊迎面而來——他發現錢包不見了。錢包裡有護照和現金，他跑到樓下旅館的櫃檯，向經理說明情況。

「我們會盡一切努力幫助你。」經理說。

但是到第二天早晨，錢包仍然不知下落。約翰的口袋裡只有不到兩元，現在他孑然一身，飄零異邦，怎麼辦？打電話給芝加哥的朋友，告訴他們所發生的事情，還是到警察局等消息？他想：不！我不願意做任何這樣的事情！我要參觀華盛頓。我可能再也不會到這裡，我在這個偉大的首都，只能待上寶貴的一天。畢竟，我還有去芝加哥的機票，還有許多時間解決現金和護照的問題。但是，如果我現在不去參觀華盛頓，就不會再有這樣的機會。

現在的我和昨天遺失錢包以及之前的我應該是同一個人。那個時候我很愉快，現在我應該也很愉快。剛到達美國，有權在這個偉大城市裡享受一個假日。

我不願意把時間浪費在因為損失而引起的不愉快中。

他步行出發了。他看到白宮和國會大廈，參觀一些宏偉的博物館，他爬上華盛頓紀念碑的頂部。雖然不能到華盛頓郊區阿靈頓以及他原來想去參觀的幾個地方，但只要是他到過的地方，他都看得很仔細。

他回到丹麥以後，回憶在美國最好的一段旅程，就是他那天徒步旅遊華盛頓——如果他不用這樣的秘訣，那一天就可能從他那裡毫無意義地溜走。幸好，約翰懂得「現在」正是時候，必須在「現在」變化之前把它抓住，以免無限惋惜「昨天，我原本可以……」

令人喜出望外的是：五天後，華盛頓警察局找到他遺失的錢包，並且將錢包送還給他。

知難而進，激發自己的進取精神，勝利的喜悅就會屬於自己。坐以待斃，把今天美好的時光浪費在昨天的損失上，我們將會失去更多。

很累的時候，要學會放棄

有一個努力進取的青年，把全部精力投入事業中，他感到越來越累，身心俱疲無法解脫。後來，他去尋訪一位智者，智者沒有對他說什麼，只是讓這個青年和他上山。

在他們上山的台階兩邊，有許多色彩斑斕的石頭，智者拿出一個袋子，讓他撿最美麗的石頭裝進去。

青年對這些漂亮的石頭愛不釋手，沒多久就裝了大半袋，他吃力地背著袋子向上走，看到更漂亮的石頭，他捨不得丟下，全部裝到袋子中。

過了一會兒，他背不動了。智者說：「我們的目的是上山，你說應該怎麼辦？」青年想了想，果斷地倒掉一袋美麗的石頭。

累，人們都喊累。為什麼累？我們的負擔太重。我們一路前行，一路收穫，我們的收穫越多，我們的負擔越重。

在人生旅途上，追求是一種永恆。追名逐利，是許多人忙亂的人生目標。草原上的太陽升起來，羚羊睜開眼第一個念頭就是：吃到最鮮嫩的青草，躲開天敵的進攻。於是，牠向草原深處疾馳。我們也是一樣，我們在理想中追求，追求光明，追求積極的成功。我們在競爭下生存，但是負重的蝸牛最痛苦的不是速度，而是壓力。

當我們很累的時候，要學會放棄。

壓力過大會使人們產生憂慮，所以善於抒壓對促進身體健康和提高工作效率至關重要。

紐約市洛克菲勒中心的袖珍圖書公司董事長里昂，就是一個善於抒壓的成功者。

里昂曾經說：「十五年來，我幾乎每天花費一半時間開會和討論問題。」在大量的時間裡，他一直處於緊張的狀態。開會的時候，他經常在椅子上坐立不安，在辦公室裡走來走去。到了晚上，他會覺得筋疲力盡。這樣一直做了十五年，他的精神接近崩潰的邊緣。

後來，有人建議他減去那些花在會議上時間的四分之三，可以消除四分之三的神經緊張。

於是，他大膽地嘗試，並且擬定一個新計畫，他用八年時間來實行這個計畫。實踐證明，這對他的工作效率以及健康和快樂，都帶來意想不到的好處。

此後，在很多時候，他不再像以前那樣緊張而忙碌，他的生活變得豐富多彩。後來，他總結自己經驗的時候說：「我將負擔減半。」

對於過度的壓力，不要以消極的態度來逃避，而是應該積極地面對，並且採取有效的措施予以化解，這不失為一個上策。

創造不受干擾的時間區

拿破崙・希爾建議許多高級主管將工作組織起來，使自己的時間可以分段或分區，這些時間區段是自己完全不受打擾而專心工作的時間。相對於創造時間區的另一個選擇是「大雜燴」，就像電腦花費太多的時間在程式與程式之間來回奔波，結果卻一事無成。

聽從這個建議並不容易，對多數人而言，干擾就是一種生活方式。某些職業的員工甚至是深陷在電話和旁人的干擾中，這其實是一種錯誤的方式。電視現場直播的製作人或是生意興隆的餐廳經理，必須在幾個小時內做出上百個決定，但是只要有創意再加上自制，即使是這些專業人士，也可以在節目開播以前或是顧客上門以前創造時間區。

以下是創造時間區的幾個建議：

（一）早到或晚退。很多高級主管會提早進辦公室，因為他們知道電話還沒有開始響個不停，其他人也還沒有到。此外，他們也會延長工作時間，因為朝九晚五的員工已經下班，而且公司下班以後也不會有電話進來（假如你希望過著均衡生活，除非偶爾為之，否則盡量避免早到或晚退）。

（二）**遠離工作**。有一些很有成就的人，每個星期會留在家裡一天或是兩個半天，目的就是創造時間區。你需要有一個可以容許你這麼做的老闆，或者你自己就是老闆。

（三）**在空間時間中創造時間區**。埃默里大學醫學院臨床研究中心的董事達拉斯・霍爾博士，在往來三個辦公室之間發現他的時間區。他的一個辦公室在校區內，一個在葛萊迪醫院，另一個在附近的迪克市。「原本我以為有三個辦公室真是沒有效率，可是讓我驚喜的是：我發現自己在三個辦公室做的事情比在一個辦公室更多。」霍爾認為，有另一個辦公室是一扇很好的逃生門：「我開車往來辦公室之間所花的十五分鐘，是一天之中最棒的思考和整理思緒的時間。」

（四）**為重要的一對一會談創造時間區**。假如有一個會談非常重要，請在會談之前先告訴你的助理或秘書，除非有緊急事件或是非盡快處理不可的事情發生，否則你不希望被打擾。

美國醫院發展協會的前任主席約翰・奧爾森稱這種與部屬之間的會談為「固定時間會

談」。他的處理方式：「今天早上十點，有一個員工來找我聊天，我們都希望可以騰出充足的時間。從他找我聊天的動機來看，他可以有三十至四十五分鐘屬於他的時間。這種固定時間會談讓員工知道他們的重要性，沒有任何事情可以中斷這段時間，沒有電話，沒有干擾，同時也是做一些費神事情的好機會。」在這段時間內，如果有電話打進來怎麼辦？奧爾森也是以時間區來處理。奧爾森只有在非固定時間會談或是在做比較不重要的事情才會接電話，他選在兩個時間區回覆電話：一個在早上，另一個在下班前。奧爾森的結論：「我盡力創造不受干擾的時間區，盡量在兩到三個小時的時間區裡工作。」

愛迪生論成功的第一要素

一七四四年八月一日，拉馬克出生於法國畢加底，他是兄弟姐妹十一人中的最小一個，最受父母寵愛。拉馬克的父親希望他長大以後成為一個牧師，送他到神學院讀書，後來由於德法戰爭爆發，拉馬克去當兵，他因病退伍以後，愛上氣象學，想成為一個氣象學家，整天仰首看著多變的天空。

後來，拉馬克在銀行找到工作，想成為一個金融家。很快的，拉馬克又愛上音樂，整天拉小提琴，想成為一個音樂家。這個時候，他的哥哥勸他當醫生，他學醫四年，可是對醫學沒有多大興趣。就在這個時候，二十四歲的拉馬克在植物園散步的時候，遇到法國著名的思想家、哲學家、文學家盧梭，盧梭很喜歡拉馬克，經常帶他到自己的研究室。在那裡，這個「南思北想」的青年深深地被科學迷住。

從此，拉馬克花費十一年時間，有系統地研究植物學，寫出名著《法國植物志》。拉馬克三十五歲的時候，當上法國植物標本館的管理員，又花費十五年時間，研究植物學。拉馬克五十歲的時候，開始研究動物學。此後，他為動物學花費三十五年時間。也就是說，拉馬克從二十四歲開始，用二十六年時間研究植物學，用三十五年時間研究動物學，成為一位著名的博物學家。

古往今來，凡是有成就的人，都像拉馬克後來一樣，注意把精力用在一個目標上，專心致志，集中突破，這是他們成功的最佳方案。**曾經有人問牛頓如何發現「萬有引力定律」，他回答：「我一直在想這件事情。」**

在回答「成功的第一要素是什麼」的時候，愛迪生回答：「可以將你的身體與心靈鍥而不捨地運用在同一個問題上而不會厭倦的能力……你整天都在做事，不是嗎？每個人都是。假如你早上七點起床，晚上十一點睡覺，你做事就做了十六個小時。對大多數人而言，他們一直在做一些事情，唯一的問題是：他們做很多事情，但是我只做一件。假如他們將這些時間運用在一個方向和一個目的上，他們就會成功。」高度專一與否，一天就有很大的差別，一個月、一年、十年呢？差異就會更大。

因此，卡萊爾說：「最弱的人，集中其精力於單一目標，也可以有所成就。反之，最強的人，分心於太多事務，可能一無所成。」

保持健康快樂的方法

正確的思想方法再加上積極進取的精神，可以使一個人獲得偉大的成就。反之，消極和破壞性的心態會毀掉所有成功的可能性，如果繼續下去，它最後會破壞你的健康。

有一個驚人的數據：在所有病人之中，將近七五%的病人罹患「憂鬱症」。這是一種不正常的心態，會引起對自己健康的無謂煩惱。用清楚易懂的話來說，**「憂鬱症患者」就是指：一個人相信自己正在罹患某種想像中的疾病。**而且，通常這些可憐蟲都相信，只要是他們聽過名稱的各種疾病，他們全部染上了。**「憂鬱症」是所有不正常症狀的開端。**

以下是拿破崙・希爾述說的一件事情：

如果我的妻子死了，我將不相信有上帝存在。N的妻子罹患肺炎，當我趕到他家中的時候，他見到我的第一句話就是上述的那句。她請我來，是因為醫生已經對她說，她活不了。她把丈夫和兩個兒子叫到床邊向他們道別。然後，她請求把我——她的教區牧師找來。我趕到她家之後，發現那位做丈夫的在前廳中哭泣，兩個兒子在盡量安慰他。我走進她房間的時候，她已經呼吸困難，護士告訴我，她的情緒很低落。我很快就發現，這位N太太請我過來，原來是要拜託我在她死後照顧她的兩個兒子。這個時候，我對她說：「你絕對不能放棄希望，你不會死的。你是一個強壯而健康的婦人，我不相信上帝會讓你去世，然後把你的兒子託付給我或是任何人。」

我這樣向她談了很久，並且做了一次禱告，祈禱她早日康復，而不是進入天國。我告訴她，要對上帝有信心，以全部的意志和力量來對抗每種死亡思想，然後我離開她家。臨行前，我說：「教堂禮拜結束以後，我會再來看你。到時候，我將會發現，你比現在好得多。」那天下午，我又去拜訪，她的丈夫面帶微笑迎接我。他說，我早上離開之後，他的妻子把他和兒子們叫到房裡，然後說：「希爾博士說，我不會死。我將會康復，我現在真的好多了。」她真的康復了，她對自己的信心導致她的康復。

有一些病例，我們必須悲哀地加以承認，目前是無法治癒的。但是有時候，像這個病例，如果意志運用得當，將可以得救。只要一息尚存，就有希望，人類意志可以產生的力量是驚人的。

當人類的意識生病的時候，就會造成身體生病。**這個時候，它需要一個更強壯的意識來治療它，給它指示，特別是使它對自己產生信心與信仰。**每個人都有責任去閱讀一些有關人類意識能力的最佳書籍，並且學習人類意識如何發揮驚人的功能，使人們保持健康和快樂。我們可以看到，錯誤的思想方法會對人們產生極為可怕的影響，甚至迫使他們發瘋。現在正是我們去發掘人類意識可以做的善事的時候，因為人類意識不僅可以治療心理失常，也可以治療肉體疾病。

你是內心唯一的主人

愛迪生並未受過正規的教育，卻在科學界有非常傑出的成就。

愛迪生不怕挫折，他一無所懼，對於任何人或任何事都問心無愧。他從來不因為自己的重要性而自誇，反而更可以顯示他的偉大。

有一次，拿破崙・希爾和他談到發明電燈的經過。拿破崙・希爾問他：「如果你到現在還沒有成功，你會怎麼辦？」

他的眼中閃著愉悅的光芒，然後說：「我一定還在實驗室裡工作，沒有時間和你聊天。」

大多數的人遭遇一次挫折之後就不再嘗試，極少數的人繼續嘗試第二次。

很多人還沒有真正遇到挫折就放棄，因為他們預期會失敗，還沒有開始就先打退堂鼓。不用說，在這一群人之中，找不到福特或愛迪生。

從人們在各行各業中的成敗，拿破崙・希爾觀察到兩個重要的事實：**成功的人對於尚未達成的目標充滿期待，失敗的人只想到過去遭遇的挫折和失望。這項原則從來沒有失誤過。**

拿破崙・希爾說：「忌妒和報復是非常醜惡的字眼，不要讓這兩種情緒擾亂你平靜的內心。」

「拒絕所有使你感到焦慮、恐懼、憤怒、痛苦、忌妒、貪婪，以及妄想一步登天的念頭，否則你會失去內心的平靜。」

「如果某個人曾經傷害你，這是一個機會，看看你是否具有偉人的胸懷。如果是，你會原諒對方，忘記這件不愉快的事情，否則你會想盡辦法報復那個傷害你的人。」

「如果你選擇後者，一定會造成不幸的結果：報復的舉動就像迴力棒一樣，經常會飛回來傷害始作俑者。」

「把你的憤怒和傷害拋到腦後，不要擾亂你平靜的內心。記住，除非你願意合作，沒有任何人可以用任何方式傷害你，使你感到憤怒。」

「你可以完全掌握自己的心情。過濾不當的情緒和思想，你會很容易改造自己的內心，達成任何人想要追求的目的。我們不能控制別人的行為以及許多使人憤怒的外在因素，但是你可以控制自己對這些行為和狀況的反應。」

「你的內心屬於你自己，你是內心唯一的主人。把所有負面的反應都阻隔在心門之外，你就可以找到內心的平靜與喜悅。」

—第二章—

以簡單的心態，活出生命的寬度

想清楚實現夢想的關鍵問題

你有沒有見過有人上計程車以後，司機問他：「要去哪裡？」他卻回答：「我不知道。」假如有，你是不是覺得很可笑？

不為自己設定人生目標的人，就像上計程車以後卻不知道去哪裡。司機不管去哪裡，對你而言都無所謂，會到什麼地方，誰也不知道。你覺得這樣是不是很可怕？這樣的車，肯定會迷路，因為它沒有目標。

很多人驚覺到已經迷路的時候，才發現要有一個目標，但是為時已晚，因為你不知道自己身在何處。

為什麼不在一開始就明確地知道要去哪裡，然後拿起一張地圖，明確地知道可以到達目的地的幾條路？這樣的人生，有一個接一個的目標，有詳細的計畫與時間表，過你真正想要過的生活，做你真正想要做的事情，這樣不是很好嗎？

有什麼樣的目標，就有什麼樣的人生。沒有目標的人，將會過著迷失的生活。

很多人說：「有啊，我有目標！我的目標就是要還清欠債，還要養活一家大小，才不會餓死！」

這樣的目標，你覺得如何？會讓你提得起勁嗎？是你要的人生嗎？

想要有一個充滿幹勁的人生，就要有一個讓自己心動而充滿吸引力的目標，才會讓自己拿出行動去設法實現它，才會有一個快樂的生命。

想要得到一個真正想要的人生，就要設定一個自己真正想要的目標，而不是把那些讓自己心煩又提不起勁的痛苦事情當作目標。

例如：想要成為行業中的頂尖人物，做出一些不平凡的成就，實現兒時的夢想，或是賺取多少財富，去哪個國家遊玩，與什麼人交往，學到什麼新能力，擁有健康的體魄，都可以當作你的目標。

現在就拿起筆，好好想一想，未來二十年你想要實現什麼目標，想要住什麼房子，開什麼車子，交什麼朋友，擁有什麼事業，成為什麼樣的人，將你一生所有的目標全部想像一下，並且把它寫下來。

再一次提醒你，你有能力實現任何夢想，你可以得到自己想要的一切，但關鍵是你必須先知道自己要的是什麼。

多做一些有意義的事情

每個人都應該多做一些有意義的事情，才不會產生空虛感。

經常聽到有些人嘆息地說：「一天又過去了。」像這種對於自己的人生目標毫無概念，無法體會人生真正快樂的人，無論物質生活多麼富裕，都是空虛而孤獨的。如果沒有適度的緊張感，生活會顯得過於單調，為了打發單調的時間，就會追求感官的刺激，覺得還有許多時間。相反的，內心經常懷有使命感，覺得有許多事情應該做，如果不能將事情完成，就難以心安的人，生活一定過得充實。所以，我們只要稍微改變對事物的看法，生活方式就會產生天壤之別。

有一個女人，生下一個智商不足的孩子，她為此自責不已，只要想到孩子的將來，就會非常難過，每日愁雲滿面，甚至產生與孩子同歸於盡的想法。有一次，她路過一所啟智學校，看到裡面有許多智商不足的孩子在認真地讀書。她頓時領悟到，智商不足的孩子也應該有屬於自己的珍貴生命。以前，只要她想到「我死了以後，這個孩子要由誰來照顧」的時候，就會產生厭世的想法。現在，她的心中突然燃起一道光明的希望，更堅定她活下去的勇氣。

她每天送孩子上學的時候，總是在心中祈禱：「我今天要更堅強。」

她還說：「因為我有這樣的孩子，所以我比別人更努力地學習人生中的一切，以這一點來看，這個孩子算是我人生的老師和恩人。」

世界上有許多面臨不幸遭遇的人，由於苦惱無處發洩而憂鬱終生。反之，四肢健全的人們，如果不知道珍惜上天的恩寵，只會虛度光陰，豈不是非常不應該嗎？**產生空虛感的時候，就要有效地利用時間，在其他方面努力，才可以掌握幸福。**

正如有一篇文章所提到的：「在一天之中，飲食、排泄、睡眠、說話、走路，已經花去許多時光，如果剩餘的時間還不知道善加利用，做無益的事情、說無益的事情、想無益的事情，不僅浪費時間，而且空擲歲月。這樣虛度一生的人是最愚蠢的，所以每個人都應該多做一些有意義的事情，才不會產生空虛感。光陰是無情的，絕對不會等待我們。我們要及時醒悟，珍惜光陰，好好努力，不要讓光陰迅速地流逝。」

某位老先生在世的時候，每日都要提醒他的後人們：「不要慢吞吞地！」

我們不妨將這句話也記住，只要稍有偷懶的意念，就以這句話來激勵自己。人生只有一次，究竟是過著充實生活還是虛擲人生，全在我們的一念之間。既然要度過一生，凡事只要可以盡自己的力量，認真地去做，成功與失敗，就全聽天意的安排。

比薪水更重要的東西是什麼？

現在很多年輕人都把社會看得十分現實，在他們眼中，工作成為一個簡單的定義：我為公司工作，公司付給我同樣價值的報酬，等價交換。他們絕對不會去為公司多做一些事情。

在他們眼中，薪水就是一切，學生時代的夢想已經消逝。他們以應付的姿態對待工作，可以偷懶就偷懶，可以逃避就逃避，他們絕對是「準時上班，下班就走」。他們工作最多是為了對得起老闆付給他的薪水，從來沒想過工作會跟自己的前途有何聯繫。

很多人缺乏對薪水的認識和理解，他們總是認為老闆付給自己的薪水太低，只可惜的是，他們放棄比薪水更重要的東西。

微軟總裁比爾．蓋茲說：「當你擁有上億資產的時候，金錢對你來說，只是一個符號而已。」也許你現在還沒有達到那種境界，但是如果你是一個準備有所成就的人，就會發現薪水只是你獲得報酬之中的一小部分。

去問那些事業成功的人，如果在沒有利益回報的情況下，他們是否還會努力去做自己的工作？你得到的答案一定是：我會一如既往全力以赴地去工作，因為我熱愛自己的工作。

一個人想要獲得快速的成長，捷徑就是選擇一種就算沒有任何報酬自己也會努力去做的工作。當你這樣做的時候，金錢就會自然地追隨你而來，所有的公司也將競相聘請這樣的人才，而且他們也願意為此付出更高的報酬。

如果你是公司的一員，就應該拋開任何藉口，投入自己的熱情和責任，隨時為公司著想。**這個世界的大多數人之所以貧窮，不是他們不夠努力，而是他們永遠同時在做兩件事情：一件是目前在公司所從事的，另一件是自己真正想做的。**

如果你可以將正在做的工作做得和想要做的工作一樣好，你一定會快速成長。因為你在為未來做準備，你正在學習一些可以超越目前職位讓自己盡快達成目標的技巧。

不要成為工作中「無心的懶人」，自己雖然也是每天朝九晚五，按照公司的流程工作，但是失去「思考」，我們就會變得懶惰——錯失看見新事物的機會，喪失發現機會的能力，所做的工作只是簡單的複製，如同影印機一樣。我們和辦公室裡的電話和電腦一樣，只是比它們多出生命這個概念而已。在這樣的情況下，工作自然沒有任何樂趣可言，更談不上升遷和發展。

一個樂於工作的人，他對工作的定義通常是：在工作中積極思考；承擔自己工作以外的責任；為同事和團體做更多的努力；可以堅持自己的想法或目標，並且很好地完成它；願意承擔一些個人風險來接受新任務。

世界上到處都是有才華的失敗者，在很多情況下，他們一事無成而碌碌無為，在失意的煎熬中痛苦地生活，不是因為他們知道的東西不夠多，而是因為他們沒有去探索未知的東西。

請珍惜你生命中有效的時間

人生是由我們在世界上擁有的有限時間構成的，注意你的時間是怎樣花掉的，因為你的未來都要生活在時間裡。即使以現代的醫療條件，可以活到九十歲的人已經很少了。如果折算為天，人們一生大概有三萬餘天。

暫以三萬天（八十二．四歲）計算，你已經用去多少天，還剩下多少天？請你立刻算一下，並且把最直接的第一感受用簡單的語言寫下來。

想一想，到現在為止，我們已經取得什麼，我們還可以做什麼，十年前是什麼模樣，現在又是什麼模樣？十年一晃就過，究竟有多少成就與變化？

柯維曾經在大學課堂上進行一個「震撼人心」的實驗：他要求學生假定只剩下一個學期的生命，應該如何好好把握最後的學習機會。經過反思以後，學生有許多新的感受和發現。他們把時間縮短為一個星期，從這個角度來檢討自己，並且逐日記下心得。結果，有些人開始寫信給父母，表達對父母的愛；有些人與感情不睦的兄弟和好，實在發人深省。

鳥之將死其鳴也哀，人之將死其言也善——靈魂深處生命的輓歌提醒我們：珍惜時間啊，說時遲那時快，生命每秒都在消失。

時間就是金錢。抽出時間精確地計算你的職業價值是每天多少錢，每小時值多少錢，每分鐘值多少錢。時間在流失生命和財富，進步才可以創造快樂和幸福。**競爭的實質，就是在最快的時間內做得最有效果。最大的成功，就是在最短的時間內透過最快的成長達成最多的目標。**

品質是「常量」：經過努力都可以做好，以至於難分良莠。時間是「變數」：一流的品質可以有很多，最快的冠軍只有一個——任何領先都是時間的領先！

我們慢，不是因為我們不快，而是因為對手更快。盛田昭夫說：「如果你每天落後別人半步，一年以後就是一百八十三步，十年以後就是十萬八千里。」

誰快，誰贏得機會；誰快，誰贏得財富。無論相差只是〇・一公釐還是〇・一秒鐘——毫釐之差，天淵之別！在競技場上，冠軍與亞軍的區別，有時候小到肉眼無法判斷。比如短跑，第一名與第二名有時候相差僅〇・〇一秒；又比如賽馬，第一匹馬與第二匹馬有時候相差僅半個馬鼻子……但是，冠軍與亞軍所獲得的榮譽與財富卻相差天地之遠。

全世界的目光只會聚焦在第一名的身上，冠軍才是真正的成功者，第一名後面都是輸家。

因為時間是有限的，我們唯一可以改變的，就是珍惜生命中有效的存活時間，讓每分鐘都增值，以不負人生的使命。

今天你應該在哪裡改進工作？

成功最大的報酬是自我滿足。我們經常以財富的累積來衡量成就的高低。財富雖然重要，但是達成目標的滿足感，才是真正的成功指標。

愛因斯坦終其一生都沒有獲得巨額財富，但是有誰說他不成功？愛因斯坦在他的專業領域達到頂尖，而且改變世界，因為他知道自己想做什麼，也知道應該怎麼做。

如何激勵自己追求成功？對於可以使自己達成既定目標的某種事物，產生強烈的欲望。

如果你有積極的進取心，就會產生強烈的使命感，想盡辦法排除原來認為難以克服的阻礙。一個人相信自己做得到，任何事情都難不倒他。

亨利．福特製造第一部「無馬車」的時候，一些目光短淺的人們——多半是他的親友和鄰居——都嘲笑他，有些人還稱呼他是「瘋狂的發明家」。

無論瘋狂與否，福特知道自己要什麼——他有強烈的企圖心，不怕任何負面的因素或限制——包括：教育程度不高，非機械科班出身——他努力自修以充實自己。

福特改變美國的面貌，他生產大量的汽車，使其成為一般家庭都可以負擔的交通工具，全國各地暢行無阻。所有工業都隨著汽車業成長：有福特的「大鐵罐」，才有公路網、相關的服務業、速食連鎖店、汽車旅館。

一個人只要對自己的信念堅定不移，就沒有做不到的事情。

如果把這句話掛在自己的辦公室，一定會有所功效：「今天我應該在哪裡改進我的工作？」

一杯新鮮的水，如果放著不用，不久就會變臭。同樣的，一個經營得很好的商店，老闆如果不隨時做出更好更新的改進，他的經營必定會逐漸地衰退。

一個積極成功者的特徵，就是他可以隨時隨地求進步。他深懼退步，害怕墮落，因此總是力求改進。

一件事情做到某個階段，絕對不可以停下來，而是應該繼續努力，以達到更高的高度。一個人在事業上自以為滿足而不再追求進步的時候，就是他的事業由盛轉衰的開始。

每天早晨，我們都應該下定決心：力求在職務上做得更好，比昨天有所進步。晚上離開辦公室和工廠或是其他工作場所的時候，一切都應該安排得比昨天更好。這樣做的人，在一年之內，其業績必定有驚人的成長。

化渴望為財富的六大步驟

在任何一個行業，想要出人頭地，就要先燒掉自己的船，斷絕所有撤退的三岔路口。只有這樣，才可以維持成功不可或缺的渴望心態。

芝加哥大火的第三天早上，一群生意人在史特街上，看著自家店鋪已經成為灰燼。他們召開一個討論會，決定是要重建家園，還是離開芝加哥，到更有發展的地方重新開始。結果，除了一個人之外，他們都決定撤離芝加哥。

這位執意留下重建家園的商人，伸手指著店鋪的殘骸說：「各位先生，就在原來的地點，我要建造世界上最大的店鋪，不管燒掉幾次都一樣。」

那差不多是一百年以前的事情。這家店鋪後來蓋好了，如今它依然聳立在原地，猶如一座紀念塔，標示渴望心態的力量。這位留下來的商人就是菲爾德，他就是這座紀念塔的主人。

菲爾德和其他商人的不同之處，正是成功者和失敗者的分野。每個人如果到了瞭解金錢用途的年紀，就會開始希望有錢。希望不能給人們帶來財富，渴望卻可以帶來。它使人們的心態變得執著熱切，使人們著手計畫累積財富的方法，隨之以絕對不認輸的毅力，支撐這些計畫。這種渴望將會帶來財富。

拿破崙・希爾認為，化渴望為財富包含以下六大步驟：

第一，牢記你渴望金錢的「確切」數目。只說「我要很多錢」是不夠的，還要對其額度非常明確。

第二，決定你要「付出」什麼以求報償。

第三，設定你渴望「擁有」金錢的確切日期。

第四，擬定實現渴望的確切計畫，並且「立刻」行動。無論準備妥當與否，都要將計畫付諸實施。

第五，簡單明瞭地寫下想要獲得金錢的數目，以及獲得這筆錢的時限。說明你打算憑什麼去取得這筆錢，並且詳加描述你累積這筆錢的計畫。

第六，每天朗誦兩遍你寫好的計畫，早晨起床後念一遍，晚上睡覺前念一遍。念的時候，要有如親眼目睹一般，體會真正擁有這筆錢的感覺。

遵行這六大步驟的指示是非常重要的。你必須切實遵照這六大步驟的指示，並且奉行不渝。如果你真的熱切渴望要有錢，你的渴望就會變成魂牽夢縈的迫切企求。

你的目標是渴望有錢，你就會堅定不移地相信，並且擁有這筆錢。

最好的辦法就是「立刻去做」

行動可以治療恐懼。

有一天晚上，拿破崙．希爾去拜訪一個朋友，他五歲的兒子已經上床半小時，突然放聲大哭。小男孩剛才看了一部科幻電影，害怕電影中的綠色妖怪闖進來抓他。他父親的做法很特別，他不說：「不要怕，孩子。沒有什麼好怕的，回去睡覺吧！」反而用一種積極的做法來消除他的恐懼。他裝模作樣表演一陣，然後走到每扇窗戶前面看看有沒有關好，最後撿起一把玩具手槍放在枕頭旁邊說：「畢里啊！這把手槍給你，以防萬一。」小男孩聽了很放心，幾分鐘就睡著了。

醫生對於必須吃藥才可以入睡的病人，會給一種沒有任何作用的溫和藥物。服藥的行為會使他們比較舒服，即使藥片本身根本沒有作用也無妨。

一般人應付恐懼最常用的方法就是「不做」。業務員經常怯場，即使最老練的業務員也難免。他們為了克服恐懼，經常在客戶附近徘徊猶豫，或是找一個地方，一杯又一杯地喝咖啡，以培養自信與勇氣，這樣做根本沒有效果。**克服任何一種恐懼，最好的辦法就是「立刻去做」**。

你害怕電話訪問嗎？立刻就去打電話，你的恐懼就會一掃而光。如果你仍然拖拖拉拉，你會越來越不想打。

你是不是不敢做全身健康檢查？只要你去檢查，所有的疑慮都會消失。你可能什麼毛病也沒有，如果有，也可以及早發現。如果不去檢查，你的恐懼會越來越深，直到真正生病為止。

你是不是不敢跟主管討論問題？立刻找他討論，這樣才會發現根本沒有那麼恐怖。建立你的信心，用行動來消除煩惱。

有一個野心勃勃卻沒有作品的作家說：「我的煩惱是日子過得很快，一直寫不出像樣的東西。」

「你看，」他說：「寫作是一個很有創造性的工作，要有靈感才可以，這樣才會提起精神去寫作，才會有寫作的興趣和熱忱。」

寫作固然需要創造力，但是另一個寫出暢銷書的作家，他的秘訣是什麼？

「我用精神力量。」他說：「我有許多東西必須按時交稿，因此不能等到有靈感才去寫，那樣根本不行，一定要想辦法推動自己的精神力量。方法如下：我先靜下心來坐好，拿一支鉛筆亂寫，想到什麼就寫什麼，盡量放鬆我的手開始活動，用不了多久，我還沒有注意到的時候，就已經文思泉湧。」

「當然，有時候沒有亂寫，也會突然心血來潮。」他繼續說：「但是這些只能算是紅利而已，因為大部分的好構想都是在進入正軌工作情況以後得來的。」

「一定會成功」引導你走向成功

很多人想要人際關係更好和收入更高，或是更健康更成功。但是，不管想要達到什麼結果，這些結果都要透過你採取的行動來完成。想要有更好的行動，就要有更好的決定；想要有更好的決定，就要有更好的思想。

思想決定我們說的話、我們產生的行為、我們對別人的態度、我們做出的決定，換句話說，思想決定一切。

認為自己一定會成功的人，凡事都會積極與樂觀，如果他把握住機會，就會毫不猶豫地立刻行動，即使行動遇到挫折，也會抱持積極樂觀的想法，認為世界上沒有失敗，只有成功的暫停。於是，這種人經常再試一次，堅持到底，最後終於成功。成功之後，再次加深「我一定會成功」的信念。

一個「我一定會成功」的思想，導致自己成功。成功以後，再度堅信我一定會成功，進入生命中的成功循環，所以成功會導致成功。

一個「我一定會失敗」的信念，導致自己失敗，然後再度堅信自己會失敗，成為自己生命中的失敗循環。

成功的想法帶來成功，失敗的想法導致失敗，這是千古不變的定律。一台電腦沒有軟體就是廢鐵，一個人沒有思想就是白癡。然而，一個人的頭腦中沒有成功的思想，又如何成功？

我們看到很多人認真負責、吃苦耐勞、省吃儉用，到了六十歲仍然一事無成，就是因為他們缺乏積極的思考和正面的信念。

大多數人都有太多的負面思想，凡事喜歡往壞處想，也有太多的負面言談，每天不是批評這個，就是抱怨那個，不是認為自己這個不行，就是那個辦不到。大多數人都過著不理想的生活，這就是原因所在。你必須每天問自己：我今天有哪些思想？我現在有哪些思想？這些思想會造成哪些後果？這種後果是不是我想要的？假如不是，我想要什麼樣的結果？我必須怎麼想，才可以得到我想要的結果？假如你可以經常這樣，養成自我分析的習慣，你的人生一定會有巨大的改變。

既然承諾了，就要去做

快下班的時候，百事可樂公司的總裁卡爾・威勒歐普接到市長邀請他參加晚宴的電話，他毫不猶豫地謝絕：「很抱歉，我已經答應今天晚上陪女兒過生日，我不想做一個失約的父親。」

走出辦公大樓，卡爾給女兒買了生日禮物，驅車直奔市中心新開業的遊樂園，去那裡與妻子一起為女兒過生日。為了避免打擾，卡爾和妻子都把手機關掉。

他們全心地陪伴女兒，開心地享受這個愉快的節日。卡爾高興地看著女兒吹滅紅紅的蠟燭，並且開始切分蛋糕。這個時候，他的助理急匆匆地趕來。助理把卡爾叫到旁邊，小聲彙報——公司一個非常重要的客戶，想要在今天晚上與卡爾見面。

「可是，我已經答應女兒，今天晚上都陪在她身邊。」卡爾面露難色。

「客戶之前確實沒有約定，他只在此地做短暫的停留，是臨時決定要拜見總裁……」助理委婉地建議。

怎麼辦？一邊是已經陪了兩個小時正玩得開心的女兒，另一邊是等待約見的公司重要客戶。卡爾沒有猶豫，他轉身告訴助理：「我覺得，我還是應該留下來陪女兒，你去接待客戶，並且為我轉達真誠的歉意，跟他約好時間，屆時我會親自登門拜訪。」

「卡爾先生，您是不是先去……」助理提醒總裁，這個客戶實在太重要，絲毫不能得罪，否則他不會匆匆地找來。

「爸爸，您先去忙吧，媽媽陪我一樣很快樂。」得知內情的女兒十分理解父親，催促父親去見客戶。

「不，我已經說過，我不想做一個失約的父親。今天晚上，市長的宴請和客戶的約見確實很重要，但是我一個月以前向女兒許下的承諾更重要，誰都不能改變我做出的承諾。」卡爾一臉的堅定，讓助理打消繼續勸說的念頭。

第二天，卡爾上班做的第一件事情，就是打電話向那位客戶道歉。出乎意料的是，那位客戶不僅沒有生氣，反而由衷地讚嘆：「卡爾先生，其實我要感謝您，是您用行動向我詮釋什麼叫做一諾千金，我終於明白百事可樂公司一直如此興旺發達的原因。」

此後，卡爾和這位客戶成為非常親密的合作夥伴，甚至在公司遭遇最大困難的時候，也不曾動搖彼此的信任。

拒絕市長的宴請和客戶的約見，只為做一個守約的好父親——卡爾先生的行為實在令人感動。君子一諾，重於千金，一個無論在何種情況下都記得自己的諾言，並且盡全力去履行的人，是值得我們欽佩的。希望每位讀者朋友都記得這個故事——**如果做不到某件事情，就不要輕易許諾；如果已經對別人承諾，就要盡全力去執行**。這樣一來，我們才可以贏得別人的尊重，才可以讓自己心安。

有沒有更簡單的方法？

人類許多最重要的發明，都是由一些設法尋找簡單方法的人所創造。愛迪生在擔任電報操作員的時候，因為被人發現他發明一種可以在工作的時候打瞌睡的裝置而被辭退。亨利・福特小時候曾經設計一種不必下車就可以關大門的裝置，當他已經是世界知名的汽車製造商以後，仍然繼續創造各種簡化工作的裝置。為了使工人不必浪費精力去取零件，他在工廠裝上一個輸送帶，輸送帶成為汽車製造過程中的標準配備以後，他又發現工人彎腰靠在裝配線上工作會增加疲勞，同時會導致工作品質不良和意外發生，所以他堅持將裝配線提高八英寸。雖然只是一個簡單的調整，卻可以減輕工作的疲勞，大幅度提高生產力。

在原始社會裡，唯一的能量來源就是人類自己，但是成人平均可以產生的能量不到一匹馬的十分之一。單獨依賴人力的社會無法存在太久，一個人如果只靠自己單打獨鬥更不可能活得久。有時候，你會聽到人們埋怨，對那些一輩子拼命工作卻貧困以終的人來說，「人生」並不公平，但這不是公不公平的問題，上天只是比較眷顧那些知道如何有效開發能量的社會或個人。

問問你自己：「有沒有更簡單的方法？」找出一個簡單的方法，可能是你做的最聰明的一件事情。**不要將忙碌與效率混為一談，有時候企業裡最好的員工最有生產力的時間，就是在做白日夢的時候。**

事實上，忙碌反而可能造成反效果。**詹姆斯・華生說：「假如你要做大事，稍微降低工作量是必要的。」**他與法蘭西斯・克里克因為成功地發現DNA基因密碼而共同獲得諾貝爾醫學獎。一本敘述科學人性面的作品《螺旋》，將他們如何降低工作量，也就是他們遊手好閒，度週末、舉行派對、做客以及其他娛樂的故事，做出幽默的描述。

華生與克里克有幸研究各種觀念，與許多領域的科學家交換意見，參加世界各地的會議。最重要的是：他們有時間去思考自身的所見、所聞、所讀，這也是華生嘉許降低工作量之意。假如他們沒有獲得大筆的研究補助金，假如他們必須身兼兩份工作以維生，大概無法成就改造生物學的發現。多虧外界慷慨的贊助與英國大學強調思考的傳統，華生與克里克的工作量少得可以讓他們去做有意義的事情。

拿破崙・希爾認為，騎腳踏車的人走不遠。假如你過於忙碌地工作而沒有時間去思考自己做的事情，就無法充分利用自己的成就。降低工作量，讓你有時間可以反省自己剛完成與思考過的事情：「這有什麼意義？」「如何利用我曾經做過的事情？」同時，讓你有時間思考是否還有其他方式，以及你是如何與別人配合……你可以檢查存貨，儲藏室的文件櫃裡也許有尚未使用的資源可以利用。

降低工作量，才會有時間做廣泛而非狹隘的研究。假如你過於專注自己的領域，你不會知道其他領域也許對你目前從事的工作有很大的影響。除非有時間廣泛涉獵和學習別人做的事情，否則創新不可能發生。

全新的發明很少發生，革新幾乎只是將兩種以上已知的觀念以新奇的方式組合在一起。例如，羅伯特・富爾頓的商業性汽船就是由兩種發明組合而成：一個是蒸汽引擎，另一個是造船技術。當然，富爾頓必須對兩種技術都知道一些，才可以發展出融合兩種技術的新技術。此外，他還需要時間來思考這些事情。有時候，降低工作量並非出於自願，而是環境可以提供的機會有限使然。

像主管一樣去思考，去行動

當你精通某項工作的時候，請不要陶醉於一時的成績，應該思考一下將來，思考現在做的事情有沒有可以改進的地方？這些將會使你在未來取得更長足的發展和進步。有些問題也許是老闆要考慮的，但是如果你考慮了，就等於往更高層次邁進一步。

如果你是主管，你對自己今天做的工作完全滿意嗎？別人對你的看法不重要，最重要的是你對自己的看法。回顧一天的工作，然後自我反省：「我是否全力以赴？」

如果你是主管，一定希望你的下屬可以和你一樣，將工作視為自己的事業全力以赴做好。因此，當你的主管向你提出這樣的要求，請你不要拒絕。

以主管的心態對待公司，你就會成為一個值得信任的人，一個主管樂於雇用的人，一個可能成為主管得力助手的人。更重要的是，你可以在快速的成長中達成自己的目標。

一個將企業視為己有並且盡職盡責完成工作的人，將會擁有自己的事業。許多管理健全的公司，正在創造一些使員工成為公司股東的機會。因為人們發現，當員工成為企業所有者的時候，他們通常會更忠誠，更具創造力，更努力工作。**有一個永遠不變的真理：當你像主管一樣思考的時候，你就成為一個主管。**

當你以主管的心態對待公司的時候，公司也會按照比例付給你報酬。獎勵時間可能不是現在，但是明天或明年一定會兌現，只是兌現的方式不同。

然而，在今天這種激烈的競爭環境下，你一定在感慨自己的付出與得到的報酬不成正比。下一次，當你感覺無法得到理想的薪水和獲得主管賞識的時候，請提醒自己：**你是在自己的公司為自己做事，你的產品就是你自己。**

假設你是主管，試想一下，你現在是那種你喜歡雇用的下屬嗎？

當你在考慮如何避免一項討厭工作的時候，請反問自己：如果我是主管，我會如何處理？

當你採取的行動與你身為一個普通員工的時候所做的完全相同，你已經具有處理更重要事務的能力，你很快就可以成為優秀的主管。

水果販整日面帶笑容的快樂智慧

你可以自由，在行動上、在思想上、在情感上、在金錢上，可以自由——豁達。

一位作家講過一個故事：

市場上，水果販遇到一位難纏的客人。

「這個水果這麼爛，一斤也要賣二・五美元嗎？」客人拿著一個水果左看右看。

「我的水果很不錯，不然你去其他家比較看看。」

客人說：「一斤二美元，不然我不買。」

小販還是微笑地說：「先生，我一斤賣你二美元，對剛才向我買的人怎麼交代？」

「可是，你的水果這麼爛。」

「不會的，如果是很完美的，可能一斤就要賣五美元。」小販依然微笑著。

無論客人的態度如何，小販依然面帶微笑，而且笑得像第一次那樣親切。

客人雖然嫌東嫌西，最後還是以一斤二・五美元買下。

有人問小販為什麼可以始終面帶笑容，小販笑著說：「只有想買貨的人，才會指出貨如何不好。」

小販完全不在乎別人批評他的水果，並且也不生氣，不只是修養好而已，也是對自己的水果有信心的緣故。我們真的比不上小販，平常有人說我們兩句，我們就會氣在心裡口難開，更不用說微笑以對，而且在生活中批評指責我們的，往往是我們最親近的人和最好的朋友。正所謂：「良藥苦口利於病，忠言逆耳利於行。」

豁達是一種博大的胸懷和灑脫的態度，也是人類個性最高的境界之一。一般來說，豁達開朗之人比較寬容，可以對別人不同的看法、思想、言論、行為，以及他們的宗教信仰和種族觀念加以理解和尊重，不輕易把自己認為「正確」或是「錯誤」的東西強加於別人。他們也有不同意別人的觀點或做法的時候，但是他們會尊重別人的選擇，給予別人自由思考和生存的權利。

如果每個人都希望享有自由，就應該採取兩種態度：在道德方面，每個人都要有謙虛的美德，都要有自己的看法不一定是對的態度；在心理方面，每個人都要有開闊的胸襟與相容並蓄的雅量來寬容與自己不同甚至相反的意見。換句話說，採取這兩種態度以後，你會容忍我的意見，我也會容忍你的意見，這樣大家都可以享有自由。

把注意力集中於人生目標上

傑出人物產生震撼世界的重大影響，最主要的原因就是他們把全部的注意力集中於自己的人生目標上。缺少堅忍不拔的精神就等於缺少自我控制。只有自律的人，才可以成功地進行自助。

想要成為自己的主人是一件十分困難的事情，缺少自律的人主要有下列這些表現：

- **沒有目標，或是有許多不重要的目標，包括漫無邊際和大話連篇的「目標」。**
- **從來不開始。**
- **遇到困難就放棄。**

誰具有足夠的耐力和頑強不屈的精神，誰就會不斷取得成功。

不能等待成功自動走到你的身邊，因為這樣的事情只有在童話裡才會出現。

每個不成功的人都是富有的——在藉口上！

無論你是誰，無論你的境況如何，明天太陽將會再次升起！

有一位來自南美洲的音樂家到舒樂博士舉辦的「力量之時」禮拜儀式上做客，這位客人從孩童時期就殘廢，雙臂只剩下短短的一截。他告訴舒樂博士，自己想和樂團一起去美國旅行。他的音樂充滿樂觀主義基調，他本人的想法也是如此。

他相信，每個人都是為了完成一個偉大的使命而降臨人世。他完全不能理解，為什麼美國人如此沮喪和憂鬱，有那麼多事情可以擔心。

你可以想像嗎？他是一位失去雙臂的音樂家，但是他想用自己的音樂來激勵健全的人們。他不能明白，為什麼有些人要毫無緣由地擔心害怕。

接著，他拿起自己的吉他彈奏起來，樂聲如此美妙，使人們忍不住潸然淚下。失去雙臂的他究竟是如何演奏的？用腳！他用腳趾彈出比所有人們曾經聽過用手彈吉他的人更好的音樂。

如果你思考自己的人生，你就會發現：即使你曾經遇到許多問題，但是你仍然可以找到無數曾經給你鼓勵的美好經歷。因此，如果新的問題出現，你就把這個光榮紀錄拿出來，看看你迄今為止已經成功地解決多少疑難問題。讓自己安靜地在對過去的回憶中沉浸片刻，認識到你在當時是多麼有力量，成功地解除自己的人生危機。然後，把現在遇到的問題與已經解決的問題進行對比，你就會認識到：鑑於這種對比，你也可以並且必定會成功地解決新的問題。

請不要浪費超過一〇%的時間來思考問題，而是至少用九〇%的時間來解決問題！你可以想像，根本沒有什麼問題。問題是你得以成長的機會！如果你迴避問題，問題就會追隨你直到夢中；如果你向問題迎面走去，就會因為問題而有所成長，最終成為自己人生的主宰者。

一第三章一

控制情緒，才可以不過低配的人生

為什麼你無法長時間勝任一項工作？

世界上大多數的平凡人，都希望自己成為不平凡的人。他們夢想成功，才華獲得賞識，能力獲得肯定，擁有名譽、地位、財富。遺憾的是，真正可以做到的人，微乎其微。

那些成功的人幾乎都有一個共同的特徵：無論智商高低，無論從事哪種行業或是擔任何種職務，他們都可以隨時保持積極進取的態度，十分看重自己的價值，對目標執著，並且絕對堅持到底。

除了藝術家或運動員依賴某些天賦的能力才有可能做出一番成就以外，絕大多數人都是靠後天的訓練與努力獲得成功。

一位知名的經濟學教授曾經引用三個經濟原則做出貼切的比喻。

他指出，正如一個國家選擇經濟發展策略一樣，每個人應該選擇自己最擅長的工作，做自己專長的事情，才會愉快勝任。

換句話說，你不必羡慕別人，你的專長對自己才是最有利的，這就是經濟學強調的「比較利益」原則。

第二個是「機會成本」原則。自己做出選擇之後，就要放棄其他的選擇，兩者之間的取捨就反映出這個工作的機會成本，於是你必須全力以赴，增加對工作的認真度。

第三個是「效率」原則。工作的成果不是在於工作的時間，而是在於成效的多少，附加價值有多高。只有這樣，自己的努力才不會白費，才可以得到適當的報償與鼓舞。

機會不是等待，如果你遲疑，它就會投入別人的懷抱，永遠棄你而去。你不必看輕自己，要相信自己的能力是獨一無二的，你正在完成一件偉大的事情，有朝一日，自己真的可以變得「很不平凡」。

腳踏實地是你在成長中不可或缺的。每個人在年輕的時候都會立志，有些人想當科學家和發明家，有些人想當文學家，看起來志向遠大。年輕人難免都會「崇拜偶像」，希望找到自己學習的典型，但不是每個人都可以當科學家和發明家。培養一技之長，一步一步去累積自己的個人資源，最終才會如願以償。

應該花費的心血一定要投入，應該擁有的過程一定要經歷。人生充滿變數，一個人的成敗與否，不僅看他的資質，還要看他的毅力。人們應該要有夢想，否則會失去奮鬥的目標與方向，但是成功的條件必須日積月累地做好準備，你可以立志做科學家或是文學家，但是絕對不要躺在那裡等待。

如果你從一開始就在做自己最擅長的事情，在選擇中注重效率，在成長中把自己的價值最大化，最終將會有所成就。

成功人士的習慣：專注目標和計畫

成功和失敗，都源於你養成的習慣。有些人做每件事情，都可以選定目標，全力以赴；另一種人習慣隨波逐流，凡事碰運氣。**無論你是哪一種人，如果養成習慣，都很難改變**。這種情形，我們稱為「慣性」，是宇宙共通的法則。

大自然利用慣性定律，維持宇宙萬物彼此之間的關係。小至原子的排列組合，大至星球的運行，一年四季、疾病與健康、生和死，形成井然有序的系統。

拿破崙・希爾在《思考與致富》中說：一粒橡子可以長成橡樹，松子萌芽長成松樹。大自然從來不會出差錯，讓橡子長出松樹，或是讓松子長成橡樹。這些都是你看得到的事實，但你是否看得出來，這些都不是偶然發生的，有一種力量造就它們！

專注的習慣不只是幫助你聽和看，還讓你記住聽到和看到的內容。我們經常發現才過了兩分鐘，剛才認識的人叫什麼名字，已經想不起來。主要的原因是：我們第一次聽到對方名字的時候，就心不在焉。

詹姆斯・菲利的記性過人，只要見過一次，他就可以牢牢地記住對方的名字，一個都不會忘記。他的方法是：請對方把名字拼出來，然後他會複述一次，問對方是否正確。

卡內基曾經說：「把所有的雞蛋放在一個籃子裡，然後站在旁邊守著，不讓人踢翻籃子。」依靠這種專注的精神，他創立美國鋼鐵公司。

成功的人對於目標十分專注，完全無暇顧及其餘的事情。他們心無旁騖地做一件事情，直到成功為止，然後再設定新的目標，繼續努力。

你是否知道自己想要追求什麼？是否有確實的計畫？接下來，就要專注於這個目標和計畫，下定決心，任何阻礙都無法使你動搖。

記住，只要不自我設限，就不再有任何限制。突破自我設限，任何事情都不能阻止你。

有時候「吃虧就是佔便宜」

日本繩索大王島村芳雄年輕的時候在東京一家包裝材料店當店員，依靠很低的薪水來養活母親和三個弟妹。但是他不沮喪，而是在拼命工作的同時，努力尋找成功的機會。

一天，島村芳雄在街上漫無目的地散步，注意到女性們——無論是花枝招展的小姐，還是徐娘半老的婦人，除了帶著皮包之外，都提著一個紙袋，這是買東西的時候商店送給她們裝東西用的。「咦！最近提紙袋的人越來越多。」頓時，島村芳雄的心就被紙袋和繩索佔住。兩天後，島村芳雄到一家跟商店有來往的紙袋工廠參觀。果然，正如他所料，工廠忙得不可開交。「做紙袋繩索的生意錯不了！」參觀之後，島村芳雄怦然心動，毅然決定大展身手。

島村芳雄雄心勃勃，但是卻身無分文。怎麼辦？最後，他決定到銀行試試看。一到銀行，島村芳雄就滔滔不絕地講述紙袋的使用前景，紙袋繩索製作上的技巧，他的原價推銷法以及他對事業的展望，但是沒有人願意理睬他，有些銀行員工甚至把他當作瘋子來對待。島村芳雄不氣餒，他決定把三井銀行作為主攻目標，但是他的努力沒有取得成效。態度冷淡的員工們，對他的蔑視逐漸表面化，看到他就大發脾氣，怒目而視，甚至叫人把他趕出去。

皇天不負苦心人，三個月後，島村芳雄第六十九次去三井銀行，對方被他百折不撓的精神所感動，答應貸給他一筆款項。朋友和熟人知道他獲得銀行貸款以後，也紛紛給他物質上的幫助。就這樣，島村芳雄籌足資金，他辭去店員的工作，設立丸芳商會，開始繩索販賣業務。他深信，雖然自己的條件比別人差，但是只要堅持「原價推銷法」，就可以在競爭激烈的日本商界站穩腳步。

首先，島村芳雄前往產麻地岡山的麻繩廠，將工廠生產的每條四十五公分長的麻繩以五角錢一條的價格大量買進，然後他將麻繩以原價轉賣給東京一帶的紙袋工廠。這種完全沒有利潤反而賠本的生意做一年之後，「島村繩索」名聲遠揚，成百上千的訂貨單從各地滾滾而來。

接著，島村芳雄按部就班地採取他的行動。他拿著購物收據去訂貨客戶那裡訴說：「到現在為止，我沒有賺你們一分錢，如果讓我繼續這樣為你們服務，我只有破產這條路可走。」客戶被島村芳雄的誠實所感動，心甘情願地把交貨價格提高為五角五分錢。隨後，島村芳雄又到岡山找麻繩廠的廠商洽談：「您賣給我的麻繩每條五角錢，我一直是按照原價賣給別人，所以才可以得到現在這麼多的訂貨。但是如果讓這個賠本的生意繼續做下去，我只能關門倒閉。」

岡山的廠商看到他開給客戶的收據存根，大吃一驚，像這樣自願不賺錢做生意的人，他們還是第一次遇到，於是不加考慮，答應供給他的麻繩每條只收四角五分錢。

於是，島村芳雄取得可觀的利潤，他的公司也開始盈利。兩年後，島村芳雄把丸芳商會改為公司組織，並且逐步成為日本最出色的「繩索大王」。

島村芳雄的成功告訴我們，有時候「吃虧就是佔便宜」。島村芳雄的原價推銷法只賠不賺，虧了自己，「肥」了客戶，但是卻因為使客戶嘗到「甜頭」，進而獲得成百上千的訂單，並且得到商界和廣大客戶的信任，無往而不利，從一個窮光蛋搖身一變，成為日本繩索大王。

唐朝布袋和尚寫過一首禪詩，講的也是同樣的道理：「手把青秧插滿田，低頭便見水中天。心地清淨方為道，退步原來是向前！」

處在對方的位置上，會做何感想？

美國管理學家玫琳凱曾經在她的演講中舉過一個例子：有一次，她參加一整天的銷售訓練，很渴望和業務經理握手，那位經理做了一次激勵士氣的演講。玫琳凱在隊伍裡排了三個小時，最後好不容易見到那位經理，但是經理根本沒有用正眼瞧她，而是從她的肩膀望過去，看看隊伍還有多長。玫琳凱等了三個小時，只獲得這個交代，她覺得自己受到侮辱和傷害。

從那個時候開始，玫琳凱立志做一個經理，「如果有一天，人們排隊和我握手，我會給每個來到我面前的人全部的注意——不管我自己多麼疲勞！」玫琳凱的宏願終於成為事實。她說：「我很幸運，玫琳凱化妝品公司今天已經成為一家大公司，我有很多次站在長長的隊伍前面，和上百位人士做長達數小時的握手。我感到很疲勞的時候，總會想起自己從前排隊和那位業務經理握手的情形，然後立刻打起精神，直視握手者的眼睛，盡可能說一些比較親切的話，也許只是幾句簡短的閒談，例如：『我喜歡你的髮型！』或是『你的衣服非常漂亮！』我盡可能給予對方全部的注意，而且絕對不允許其他事情來打擾我。在握手的時候，我視對方為最重要的人！」

玫琳凱曾經親身體會被人漠視的痛苦，因此努力使自己的員工都獲得重視和注意。這個方法，幫助玫琳凱融洽上下級關係，調動下屬的積極性，使玫琳凱化妝品公司發展成為擁有二十一萬員工的國際公司，她也成為美國企業界最成功的人士之一。

營業員覺得顧客喜歡找麻煩，顧客認為營業員不盡忠職守；做下屬的，覺得主管不瞭解狀況，不體諒員工困難；做主管的，覺得下屬不聽話，不服從領導……**因為看問題的角度不同，人與人之間總會發生衝突，出現交往障礙。想要克服這個問題，就要進行角色互換：設身處地為對方著想，假設自己處在對方的位置上，會做何感想？**這樣一來，才可以更好地理解與包容對方的行為和態度，進而避免不必要的矛盾與衝突。

與自己發出來的怒氣進行一次對話

怎樣才可以在工作中保持激情，不無故發脾氣，不因為工作枯燥而心灰意冷？憤怒確實在工作中存在著。在高度壓抑的日本社會裡，商人發明付錢砸東西的「解脫室」，提供怒氣難消又無處發洩的人宣洩。來到解脫室的人必須付費，依照費用高低拿到各種陶瓷花瓶或器皿，客人通常會先寫上痛恨者的名字，一邊破口大罵，一邊將手中物品往牆壁用力一砸。適度地生氣是一種能量的釋放，砸東西和踢傢俱藉由外物轉移情緒，可以暫時舒緩怒氣。

事實上，正確的發洩憤怒，要先找到怒氣的根源。憤怒一般可以分為兩類：一類是因為時間壓力或資源不足而導致，例如：趕著上班的時候，車子不小心擦撞而遲到被罵；小孩互搶玩具打起來。另一種類型的憤怒比較麻煩，它經常是怒氣壓抑累積的結果，火力強大，殺傷力驚人，幾乎到達醜話盡出的程度，有時候不見得與自己直接相關，可能只是看不慣某個人的作風或是某種互動關係，就忍無可忍大動肝火。

怒氣無法遏制的時候，我們應該與自己迸發出來的怒氣進行一次對話。我們不妨對自己說：「他的行為根本與自己沒關係，為什麼生那麼大的氣？」接著深呼吸，讓心跳和血壓恢復正常狀態，或是離開現場找一個安靜的環境，活動身體，打球或是做體操。同時，瞭解自己一天情緒的起伏變化以後，然後找出原因，並且給自己一段時間，尋找「怒」從何來。

閉上嘴，因為盛怒的時候，舌頭像一把利劍，容易刺傷人。

在工作中出現不良情緒的時候，我們必須虛心檢討自己的工作表現，如果因為努力不夠而導致表現不佳，就要加倍付出。如果因為本身專長與工作所需不同而限制自己的發展，可以多向主管請教，或是設法求助於人力資源部門，考慮在內部轉換跑道，爭取有利自己的發揮空間。

良好的情緒可以使人們樂觀向上，做事果斷，富有創造性和靈感。我們可以嘗試一些細微的改變，來調動自己的情緒。在安定的生活中，會覺得沉悶、沒有生機、提不起精神，如果適時地對穩定的習慣做出變動，就會有一種新鮮感，例如：對辦公室或房間進行一些調整，改變裝飾，試著交一個新朋友，投入一種新的愛好。

經常衣冠不整，蓬頭垢面，不僅影響情緒，也會使自己處於尷尬的狀態。

為了保持自己良好的情緒，應該積極尋找和接觸那些溫暖柔和而富有活力的顏色，例如：綠色、粉紅色、淺藍色。

走進大自然，大自然的奇山秀水可以震撼人們的心靈。登上高山，會感到心胸開闊；放眼大海，會有超脫之感；走進森林，會覺得一切都是那麼清新。這種美好的感覺，往往都是良好情緒的誘導劑。

欣賞音樂。在抒情優美的音樂中，會覺得精神振奮、情緒飽滿、信心倍增。

多接觸陽光。研究顯示，在陰雨天，人們往往容易出現情緒低落的現象，這是人們受陽光照射太少而引起的，所以應該多曬太陽。

嘗試和憤怒做一次對話。如果我們送給別人禮物，別人沒有接受，禮物仍然屬於我們自己。**如果我們不能改變天氣，就要學會改變心情；如果我們不能改變環境，就要嘗試改變自己。**

良性暗示可以戰勝懦弱和恐懼

同樣半杯水，消極者說，我只剩下半杯水；積極者說，我還有半杯水！同樣擁有，卻有兩種截然不同的人生態度與價值判斷，即兩種截然不同的自我心理暗示。

心理學家把心理暗示分為「良性暗示」和「負面暗示」，例如：清晨對著鏡子梳妝打扮，如果看到自己臉色很好，就會心情舒暢，這是良性暗示。如果在鏡子中，發現自己臉色不好，眼皮略有浮腫，懷疑自己腎臟可能出現問題，就感到腰痛，這是負面暗示。

暗示是一種被主觀意願肯定的假設，不一定有根據，但是由於主觀上已經肯定它的存在，心理上隨之出現竭力趨於結果的內容。

拿破崙・希爾曾經說過一個班・庫柏的故事：

在庫柏讀了第一本荷拉修的書幾個月之後，他又到鐵路上撿煤。隔開一段距離，他看見三個影子在一個房子的後面飛奔過來。他最初的想法是轉身就跑，但是他想起自己傾慕的書中主角的勇敢精神，於是他把煤桶握得更緊，一直向前大步走去，猶如他是荷拉修書中的一個英雄。

這是一場惡戰，三個男孩一起衝向庫柏。庫柏丟開鐵桶，堅強地揮動雙臂進行抵抗，使得這三個恃強凌弱的孩子大吃一驚。庫柏的右手猛擊一個孩子的嘴唇和鼻子，左手猛擊這個孩子的胃部。這個孩子停止打架，轉身逃跑了，這也使庫柏大吃一驚。同時，另外兩個孩子正在對他拳打腳踢。庫柏設法推走一個孩子，把另一個孩子打倒，用肘部猛擊他，而且發瘋似的打他的腹部和下巴。

現在只剩下一個孩子，他已經跳到庫柏的身上，庫柏用力把他推到一邊，站起身來。大約有一秒鐘，兩個人就這樣面對面站著，狠狠瞪著對方，互不相讓。

後來，這個孩子一步一步地退後，然後拔腿就跑。庫柏也許出於一時氣憤，拾起一塊煤炭朝他扔過去。這個時候，庫柏才發現自己的鼻子掛彩，身上也青一塊紫一塊。

這一仗打得真好。這是他一生中重要的一天，那一天他已經克服恐懼。庫柏不比去年強壯多少，那些壞蛋的凶悍也沒有收斂多少，不同的是他的心態已經改變。他已經學會克服恐懼，不怕危險，再也不受壞蛋欺負。

從那個時候開始，他要自己改變環境，他果然做到了。透過運用良性暗示，庫柏戰勝懦弱，戰勝恐懼，最終成為美國最受尊敬的法官之一。

人生中什麼最重要？

有一個富翁，小時候家裡很窮，他的父母都是農民，他從小就生存在饑餓和窘迫中。節日的衣服、過年的壓歲錢、喜慶的爆竹、父母的呵護……這些原本應該屬於孩子的專利，都與他無緣。

讓這個富翁感動的是，在那段最艱難的時候，有一個朋友始終無私而真誠地關心與呵護他。如果那個朋友手裡有兩塊糖果，肯定有他的一塊；如果那個朋友手裡有一個麵包，肯定會分一半給他。在貧窮和饑餓中，還有什麼比這個更寶貴？

一眨眼，三十年過去了。在這段時間裡，世界上的許多事情都改變模樣。經過三十年的奔波勞碌，這個昔日在貧窮中掙扎的孩子，如今已經成為一個穩健精明和魅力非凡的企業家。有一天，少小離家的富翁產生思鄉之念，在一個豔陽高照的日子裡，他回到家鄉。當日，他走遍全村，感謝親戚朋友和兄弟姐妹這些年來對父母的照顧，並且每家送一份禮品。夜裡，富翁在自家的堂屋裡擺桌請客，赴宴者都是從小一起長大的玩伴，他們都是四十幾歲的中年人。

按照那裡的風俗，真誠赴宴者都要帶禮品表示謝意。眾人來的時候，都帶著禮品，有些禮品很豐厚。富翁命令僕人一一收下，準備宴席之後，再請眾人帶回。當然，每個赴宴者還可以得到一份禮品。正在眾人準備開始吃飯的時候，富翁幼時的那位朋友走進來，連聲說：「對不起，我來晚了。」

富翁知道這個朋友最近日子過得很艱難，他急忙起身，接過這個朋友提來的酒，並且把他拉到自己身邊的座位坐下，朋友的眼裡閃過幾絲不易察覺的慌亂。

富翁親自把盞，舉著手裡的酒瓶，說：「今天，我們先喝這一瓶酒，如何？」一邊說著，一邊給眾人倒滿，然後眾人一飲而盡。

「味道怎麼樣？」富翁問。所有赴宴者面面相覷，默不作聲。那個朋友更是面紅耳赤，低下頭來。富翁瞧了全場一眼，沉吟片刻，慢慢地說：「這些年來，我走了很多地方，喝過各種各樣的酒。但是，卻沒有一種酒比今天的酒更好喝，更有味道，更讓我感動……」說著，他站起身，拿起酒瓶，再一次給眾人斟酒，「再喝一杯。」

喝完之後，富翁的眼睛濕潤了，朋友也情難自抑，流下激動的眼淚。

他們喝的哪裡是酒，分明是一瓶水啊！

人生中什麼最重要？不是金錢，不是地位，而是至真至純的情誼。在涼薄的塵世間，錦上添花容易，雪中送炭困難。多少人在你得勢的時候，為你獻上諂媚的笑容，又有幾人在你失意的時候，依然陪伴你？正因為如此，文中那種未被汙染的純粹友誼才會顯得珍貴與難得！那瓶平淡無奇的白開水，是用一顆真摯的心釀製而成，所以喝起來才會那麼甜美醇香！

如果失去自制力，誰都可以打敗你

在拿破崙・希爾事業生涯的初期，他發現缺乏自制力會對生活造成極為可怕的破壞。這是從一個十分普通的事件中發現的，這個發現使拿破崙・希爾獲得一生中最重要的一次教訓。

有一天，拿破崙・希爾和辦公大樓的管理員發生一場誤會，這場誤會導致他們彼此之間互相憎恨，甚至演變成激烈的敵對狀態。這個管理員為了表示自己對拿破崙・希爾的不悅，當他知道整棟大樓只有拿破崙・希爾在辦公室工作的時候，他立刻把大樓的電燈全部關掉。這種情形一連發生幾次，最後拿破崙・希爾決定進行「反擊」。某個星期天，機會來了，拿破崙・希爾在辦公室準備一篇預備在第二天晚上發表的演講稿，他剛在書桌前坐好的時候，電燈熄滅了。

拿破崙・希爾立刻跳起來，奔向大樓地下室，他知道可以在那裡找到這個管理員。拿破崙・希爾到那裡的時候，發現管理員正在把煤炭一鏟一鏟地送進鍋爐內，同時吹著口哨，彷彿什麼事情都沒有發生似的。

拿破崙・希爾對他破口大罵五分鐘。

這個時候，管理員站直身體，轉過頭來，臉上露出開朗的微笑，並且以一種充滿鎮靜與自制的柔和聲調說：「啊，你今天早上有些激動吧，不是嗎？」

他的這段話就像一把銳利的短劍，突然刺進拿破崙・希爾的身體。

拿破崙・希爾轉過身子，以最快的速度回到辦公室，他再也沒有其他事情可以做。拿破崙・希爾把這件事情反省一遍之後，他立刻看出自己的錯誤。但是坦白說，他很不願意採取行動來化解自己的錯誤。

拿破崙・希爾知道，必須向管理員道歉，內心才會平靜。最後，他花費很長的時間才下定決心，決定到地下室，忍受這個必須忍受的羞辱。

拿破崙・希爾告訴管理員：「我是回來為我的行為道歉的——如果你願意接受。」

管理員臉上又露出那種微笑，他說：「你用不著向我道歉。除了這四堵牆壁，以及你和我之外，沒有人聽見你剛才說的話。我不會把它說出去，我知道你也不會說出去，因此我們不如就把此事忘記吧！」

這段話對拿破崙・希爾造成的傷害更甚於他第一次說的話，因為他不僅表示願意原諒拿破崙・希爾，實際上更表示願意協助拿破崙・希爾隱瞞此事，不使它宣揚出去，對拿破崙・希爾造成傷害。

拿破崙・希爾向他走過去，抓住他的手，用力地握著。拿破崙・希爾不僅是用手和他握手，更是用心和他握手。在走回辦公室的途中，拿破崙・希爾感到心情十分愉快，因為他終於鼓起勇氣，化解自己做錯的事情。

在這件事情發生之後，拿破崙・希爾下定決心，以後絕對不再失去自制力。

因為如果失去自制力之後，另一個人——不管是目不識丁的管理員還是有教養的紳士——都可以輕易地將他打敗。

四位遭遇挫折與逆境的偉大作家

身體對於食物的反應，決定身體的健康。**情緒對於外在刺激所產生的反應，會影響心理的健康**。每天所經歷的事情，有些有益心理健康，有些必須及時排除，以免危害心理健康。

如果你的心境理智平和，就可以過濾所有對你不利的思想和情緒，而不會受到影響。你必須先拋開所有消極與否定的思想，才可以達到此種理想的境界。

所謂的「拋開」，就是把消極的思想轉變為積極的思想。只要轉移你的思緒，多想一些愉快的事情，你的內心就會非常的平靜。

歐・亨利曾經因為犯案而被判刑，之後他致力於寫作，終於成為文學史上不朽的人物。

傑克・倫敦把早年遭受的挫折寫成小說，成為舉國知名的作家，那些故事至今仍然被視為文學的瑰寶。

挪威的移民克努特・漢森一生嘗試許多事情都失敗了，最後在絕望之中，他決定把所有失望的故事寫成一本書，書名是《饑餓》。這本書讓他贏得諾貝爾文學獎，來自世界各地登門求稿的出版社絡繹不絕，使他名利雙收，從此悠閒度日。

每個人一生經歷的事情，無論是好或壞，事情的本身不重要，重要的是你對事情的感受和反應。每個人都可以把所有不愉快的經驗，轉變成對個人和世界有利的契機。

狄更斯的初戀失敗了，他沒有從高樓跳下輕生，或是吞服大量的安眠藥。他把苦戀寫成《塊肉餘生錄》一書，使他在文壇大放異彩，擁有無上的榮耀和財富。

我們必須承受一連串的挫折和失敗，才可以找到真正的自我。**所謂的挫折和失敗，大多會使我們發掘更多的機會，得到更大的快樂，更可以領悟人生的真意。**

人們通常會在遭受災難之後，才可以找到自己。這是為什麼？除了造物者刻意的安排，似乎沒有其他的解釋。

有一個礦工窮其一生都在尋找金礦，他忠實的騾子馱著所有家當和淘金工具，跟著他到處尋寶。有一次，騾子掉進一個洞裡，跌斷了腿，礦工只好開槍射殺騾子。在他設法把騾子的腿從洞裡拉出來的時候，意外發現世界上最豐富的銅礦。

記住，每當你遭遇挫折或逆境，都可能有一個無形的朋友默默地努力，想要解救你脫離困境。你是不是準備好去抓他的手？

做人要有「不倒翁」精神

人生成功的秘訣，只有那些在奮鬥中尚未成功的人才知道。成功就像是馬拉松式的長跑，只有最後衝刺的瞬間，才會實現質變！在此之前，你一直都被定義為失敗者，或是被定義為尚未成功者。正是這種漫長的累積，才會促成最終的衝刺。

在沒有成功以前，你需要保持企圖心的活力，無論什麼時候開始奮鬥都不晚。

當我們開始做一件事情的時候，總是難免會失敗。你的人生也是這樣，如果害怕失敗，將會一事無成。如果你有一個可愛的兒子或女兒，經常跟同樣有孩子的人在一起，就會聽到這樣的話：「孩子可以站就可以走，可以走就可以跑。」每個家長都懂得孩子不摔幾次跤就無法學會走和跑的道理。當他們看到自己的孩子在跌倒中學會走路的時候，心情是非常激動的。事實上，所有人都是這樣長大的。

生活也是如此，工作也是一樣，只有在失敗中，我們才會真正學到本領。

英國小說家和劇作家柯魯德．史密斯曾經說：「對於我們來說，最大的榮幸就是每個人都失敗過，而且每次我們跌倒的時候都可以爬起來。」

日本人把「不倒翁」這種玩具稱為「永遠向上的小法師」。只要人們參加競選的時候，就會把它當作裝飾品。有些人如果當選了，就會把「不倒翁」的下半身塗黑，以示慶祝。

「不倒翁」因為重心在下面，所以無論怎麼推它，只要一鬆手，它就會立刻彈起來，因此是一個招人喜歡的玩具。正是因為不斷地忍受磨難，人們才可以變得更堅強。在日本有「八起會」，這是那些因為不走運而倒閉的經營者的集會。他們的領導者曾經以「失敗是開路的手杖」為題，為「八起會」的成員進行演講，給予當時在座者很大的鼓舞。

確實，人們從失敗的教訓中學到的東西，比從成功的經驗中學到的還要多。

失敗的原因很多，其中有驕傲自大、過分自滿、說大話、濫用職權。總之，大概都是因為一些小事而導致巨大損失。中國法家代表韓非曾經說：「不會被一座山壓倒，卻可能被一塊石頭絆倒。」但是，無論什麼樣的失敗，只要你跌倒以後又爬起來，跌倒的教訓就會成為有益的經驗，幫助你取得未來的成功。

化侮辱為力量

面對侮辱自己的人，最好的報復不是去侮辱他，而是努力化恥辱為力量，奮勇拼搏，開創一番成就，讓他好好地看看。

美國歷史上大名鼎鼎的律師丹諾，就是一個化恥辱為力量的典型例子。

一所小學的女老師擰了一個學生的耳朵，因為這個學生坐在椅子上不安分地動個不停。她在許多學生的面前擰他的耳朵，受到這個莫大的羞辱，這個小孩在回家的路上，哭個不停。他那個時候只有五歲，但是他覺得自己受到很大的虐待，他開始憎恨殘酷的暴力和不公正，並且發誓一生都要為此而抗爭。

那個小孩的名字就是克拉倫斯・丹諾，後來他成為美國最著名的律師。毫無疑問，他是那個時代最偉大的刑事律師。

他的名字有好幾次在美國各大報紙上以特大號的字體登出。他是一個仗義之士、革命者、鬥士，他是被壓迫者的福音。

他第一次代理的案件，至今還被俄亥俄州阿士塔布拉市的老人們談論。這個激烈的案件，只是為了一套只值五美元的舊馬鞍，或許有人會問：「為什麼？這樣值得嗎？」但是丹諾卻認為這牽涉到一個根本的原則性問題。不公平伸出來的醜惡利爪，激發丹諾要與之抗爭的鬥志。委託人只願意為此案出五美元的訴訟費，丹諾必須自己承擔其他的訴訟費，這個案件總共經過七個庭，爭辯七年——最後，他終於勝訴了。

丹諾從來不對金錢和權勢有野心，他說自己永遠是一個懶漢。他原本是鄉下的一個老師，有一天，在他原本平靜的生活中發生一件改變他命運的事情。當時，城裡有一個鐵匠，他在工作之餘，自學法律。

有一天，丹諾在這個鐵匠家裡，聽到他和別人辯論一個案件，他驚嘆於這個鐵匠的機智和演說口才。那個鐵匠與別人辯論的風采深深地吸引他，他也想去試試看。於是，他向那個鐵匠借一本法律書，開始自學法律。

每個星期一的早晨，他都把那本書帶到學校，當他的學生在做數學題或是學地理的時候，他就抽空翻閱那本書。他承認，假如不是後來發生一些事情促使他奮發向上，他可能一輩子就是一個鄉村教師。

他和妻子決定從阿士塔布拉市的一位牙醫手中買下一間房子，雙方事先達成協議房價為三千五百美元。丹諾從銀行取出他僅有的五百美元積蓄，剩下的三千美元雙方商定採用分期付款的方式支付。這筆生意幾乎就算成交了，但是到最後，牙醫的妻子卻無理地拒絕在合約上簽字，不僅如此，她還帶著侮辱的口氣對丹諾說：「嘿，小夥子，我不相信你這輩子可以賺到三千五百美元。」

丹諾非常憤怒，他再也不能在這個城市待下去。激憤之下，他去了芝加哥。

他在芝加哥第一年只賺三百美元——這些錢還不夠付房租。但是第二年，他的收入卻是第一年的十倍——達到三千美元——這是他擔任這座城市特別律師所得到的報酬。不久，他擔任芝加哥西北鐵路公司的律師。

正所謂「生氣不如爭氣」，同樣是面對恥辱，不同的態度所產生的後果是截然相反的，丹諾的做法其實是表現一種人生的態度：

有人侮辱我們的時候，我們不應該氣急敗壞或頓足捶胸地想著如何報復，而是應該好好地反思自身，找出自己的缺點加以改進。

只有品格逐漸完善，人們對一個人的侮辱才會轉為讚美。

熱忱和自制力必須相等而平衡

拿破崙・希爾對美國監獄的十六萬個成年犯人做過一項調查，發現一個驚人的事實：這些不幸的犯人淪落到監獄中，有九〇％的人是因為缺乏必要的自制力，因此無法把自己的精力用在積極有益的方面。

想要做一個「平衡」的人，你的熱忱和自制力必須相等而平衡。缺乏自制力是一般業務員最具破壞性的缺點之一，客戶說幾句這個業務員不希望聽到的話，如果後者缺乏自制力，就會立刻針鋒相對，用同樣的話進行反擊，對自己的銷售行為是最嚴重的致命傷害。

在芝加哥一家百貨公司裡，拿破崙・希爾親眼看到一件事情，說明自制力的重要性。

在這家百貨公司受理顧客提出抱怨的櫃檯前面，許多婦女排著長長的隊伍，爭著向櫃檯後方的那位年輕小姐訴說自己遭遇的困難，以及這家公司不對的地方。在這些投訴的婦女中，有些十分憤怒而且不講理，有些甚至說出很難聽的話。櫃檯後方的這位年輕小姐，逐一接待這些憤怒而不滿的婦女，絲毫沒有表現出任何憎惡。她的臉上帶著微笑，指導這些婦女前往適合的部門，她的態度優雅而鎮靜，拿破崙・希爾對她的修養感到驚訝。

站在她背後的是另一個年輕小姐，在一些紙條上寫下一些字，然後把紙條交給站在前面的那位小姐。這些紙條簡要地記下這些婦女抱怨的內容，但是省略這些婦女原本尖酸而憤怒的語氣。原來，站在櫃檯後方面帶微笑聆聽顧客抱怨的這位年輕小姐是聾子，她的助手透過紙條把所有必要的事實告訴她。

拿破崙・希爾對這種安排十分感興趣，於是去拜訪這家百貨公司的經理。他告訴拿破崙・希爾，挑選一個耳聾的小姐擔任公司最艱難又最重要的工作，主要是因為一直找不到其他具有足夠自制力的人來擔任這項工作。拿破崙・希爾站在那裡，觀看那群排成長隊的婦女，並且發現櫃檯後方那位年輕小姐臉上親切的微笑，對這些憤怒的婦女產生良好的影響。這些婦女來到她面前的時候，就像是咆哮怒吼的野狼，但是她們離開的時候，卻像是溫順柔和的綿羊。事實上，她們之中的某些人離開的時候，臉上甚至露出羞怯的神情，因為這位年輕小姐的「自制」已經使她們對自己的行為感到慚愧。

自從拿破崙・希爾親眼看到那一幕之後，只要對自己不喜歡聽到的評論感到不耐煩的時候，就會立刻想起櫃檯後方那位小姐自制而鎮靜的神態。而且他經常這麼想：每個人都要有一副「心理耳罩」，有時候可以用來遮住自己的耳朵。拿破崙・希爾已經養成一個習慣，對於不願意聽到的那些無聊談話，可以把自己的耳朵「閉上」，以免在聽到之後產生憎恨與憤怒。

生命十分短暫，有很多建設性的工作等待我們去進行，因此我們不必對說出自己不喜歡聽到的話語的人們去進行「反擊」。

拿破崙・希爾在執行律師業務期間，曾經注意到一個十分聰明的詭計，是辯護律師專門用來套取對方證人的證詞。因為這些證人對於對方律師的質問，往往會回答「我不記得」或是「我不知道」，辯護律師使用各種方法企圖套取這種證人的證詞而失敗的時候，他就會設法激怒這個證人。這個證人在憤怒的情況下，往往會失去自制，說出自己在冷靜的情況下不會說出的證詞。

—第四章—

挖掘內心的力量，你的人生永遠不設限

成功，從微小的信念開始

缺乏堅定的信念，是很多人的一個缺點，但是以下這個人並非如此。

羅傑・羅爾斯是美國紐約州歷史上第一位黑人州長。

他出生在紐約聲名狼藉的大沙頭貧民窟。

這裡環境骯髒，充滿暴力，是偷渡者和流浪漢的聚集地。

在這裡出生的孩子，耳濡目染，他們從小蹺課、打架、偷竊，甚至吸毒，長大以後很少有人從事體面的職業。

然而，羅傑・羅爾斯是例外，他不僅考進大學，而且成為州長。

在就職的記者會上，一位記者對他提問：「是什麼把你推向州長寶座？」

面對三百個記者，羅爾斯對自己的奮鬥史隻字未提，只談到他的小學校長——皮爾・保羅。

一九六一年，皮爾・保羅被聘為諾必塔小學的董事兼校長。

當時，正值美國嬉皮流行的時代，他走進諾必塔小學的時候，發現這裡的窮孩子比「迷惘的一代」還要無所事事。

他們不與老師合作，曠課和鬥毆，甚至砸爛教室的黑板。

皮爾・保羅想出很多方法來引導他們，可是沒有一個奏效。

後來，他發現這些孩子很迷信，於是在他上課的時候就多出一項內容——給學生看手相，他用這個方法來鼓勵學生。

羅爾斯從窗台上跳下，伸著小手走向講台的時候，皮爾・保羅說：「我看你修長的小拇指就知道，將來你是紐約州的州長。」

當時，羅爾斯大吃一驚，因為長這麼大，只有他奶奶讓他振奮過一次，說他可以成為五噸重小船的船長。

這一次，校長竟然說他可以成為紐約州的州長，確實出乎他的預料。

他記下這句話，並且相信它。

從那天開始，「紐約州州長」就像一面旗幟，羅爾斯的衣服不再沾滿泥土，說話的時候也不再夾雜汙言穢語。

他開始挺直腰桿走路，在之後的四十多年，他沒有一天不按照州長的標準要求自己。五十一歲那年，他終於成為州長。

在就職演說中，羅爾斯說：「信念值多少錢？信念是不值錢的，它有時候甚至是一個善意的欺騙，然而你如果堅持下去，它就會迅速升值。」

在這個世界上，信念這種東西任何人都可以免費獲得。所有成功的人，最初都是從一個微小的信念開始，信念是所有奇蹟的萌發點。

必須有自信，世界才會因為你而精彩

必須有自信，這是成功的秘密。

人們總是按照我們看待自己的眼光來評價自我，我們認為自己有多少價值，就不能期望別人把我們看得更重。我們進入社會以後，人們就會從我們的臉上和眼神中去判斷，他們可以從我們處理問題和對待工作的態度上，清楚地知道我們賦予自己多少的價值。

所有的偉人都對自己擁有超乎常人的信心。有一次，凱撒在船上遭遇暴風雨，船夫非常擔心，凱撒自信地說：「怕什麼？你是和凱撒在一起！」許多偉大的作家，都會談論自己在文學史上的地位，這些都是充滿自信心的表現。

一個擁有強烈信心的人，在團隊之中，更容易成為具有號召力的人，更容易獲得別人的信任。

因此，即使你是一個剛開始規劃人生的青年，也應該從第一天開始，就賦予自己強烈的信心，告訴自己：世界因為你而精彩！

羅馬偉大的演說家西塞羅，在面對貴族「你只是一個平民」嘲諷的時候，自信地說：「不錯，我只是一個平民，但是我的貴族家世將會因為我而開始，你的貴族家世將會因為你而結束。」

自信會創造出一個人自己都無法想像的奇蹟。我們必須明白，自己擁有一切，不比別人缺少什麼。如果我們曾經懦弱或退縮，就應該把失去的自信找回來。

有一個很小的島，因為覺得自己實在是太小了，就自慚形穢地向上帝訴苦：「上帝啊！你為什麼讓我生得這麼渺小可憐？放眼世界，幾乎任何一塊土地都比我還高，別人總是巍然而立，高高在上，甚至聳入雲端，顯得那麼壯觀偉大，我卻孤零零地臥在海面，退潮的時候高不了多少，漲潮的時候還要擔心被淹沒。請你將我提拔成喜馬拉雅山，不然就將我毀滅，因為我實在不願意這樣可憐地活下去。」

上帝看著這個小島，對它說：「看看你周圍的海洋，它們佔地球面積的四分之三，也就是說，有四分之三的土地在海洋下面，它們吸不到任何新鮮的空氣，看不到半分和煦的陽光，你有幸可以成為露出海面的四分之一，還有什麼可以抱怨的？」

聽了上帝的話，小島豁然開朗地說：「請饒恕我的愚蠢，維持我崇高的卑微吧！感謝上帝，我已經很滿足了！」

每個人生活在這個世界上，也像這個小島一樣，曾經為自己的渺小卑微而苦惱。但是仔細想想，我們有幸成為一個健康的人，過著正常的生活，可以自由地選擇自己喜歡的職業，不必忍受與愛人分離的痛苦，這一切又是多少人夢寐以求而無法得到的。

做一個快樂自信的人，把自己原本應該奉獻給世界的那份精彩呈現出來，這個世界上註定應該有你的聲音。

請記住，你是與眾不同的

無論何時何地，請記住，你是與眾不同的，你是這個世界上獨一無二的造化。

一個西方青年在鏡子前面沉思：「嗯！從身材上看，我是矮小的，但是拿破崙和雨果不也是這樣嗎？我的前額不寬，天庭欠圓，可是蘇格拉底和史賓諾沙也是如此；我承認自己是禿頂，這樣不丟臉，因為大名鼎鼎的莎士比亞與我為伴；我的鷹鼻彎長，如同伏爾泰和華盛頓一樣；我的雙眼凹陷，哲人尼采也是這樣；我的肥厚嘴唇可以與路易十四媲美，我的粗胖頸脖堪與漢尼拔和安東尼齊肩。」

沉默片刻，他繼續想：「我的耳朵太長，可謂與獸耳半斤八兩，但是塞凡提斯的招風耳也是這個模樣；我的顴骨隆聳，面頰凹陷，有拉法葉和林肯與我為伴；我後縮的下頷，與皮特和戈德史密斯不分軒輊；我一高一低的雙肩，可以從甘必大那裡尋得淵源；我的手掌肥厚，手指粗短，天文學家愛丁頓也是這樣。不錯，我的身體有缺陷，但是要注意，這是偉大思想家的共同特點。更奇怪的是，我與巴爾札克一樣，閱讀寫作的時候，咖啡壺一定要放在身旁；我與托爾斯泰一樣，願意與粗俗的民眾交際攀談；有時候，我幾天不洗手臉，貝多芬和惠特曼也有這個習慣；我在放鬆消遣的時候，喜歡偷聽那些長舌婦絮叨她們在其丈夫出遠門以後的各種行端，令人驚訝的是薄伽丘也是擅長此道的好漢；我的嗜酒如命，令馬婁和諾亞自愧弗如；我饕餮般的暴飲暴食，使巴夏酋長和亞歷山大也要冒出冷汗。」

又沉默片刻：「這就是我！這就是我的實在，我擁有迄今為止人類歷史上所有偉人的各種品格。一個擁有這麼多偉大品格的青年，一定可以做一番石破天驚的事業。睿智的實質是認識自我。這些偉人把宇宙的這個偉大思想根植於我的心靈深處，並且激勵我開始去做偉大的工作。從諾亞到蘇格拉底，從薄伽丘到雪萊，我伴隨這些偉人一起度過歷史的風風雨雨。我不知道自己會以什麼樣的偉大行動開始，但是一個兼備在白晝的勞作和夜晚的幻夢中所形成的神秘自我和真正本性的人，也可以開創偉業……是的，我已經認識自己，神靈也已經洞鑑我。啊！我的靈魂萬歲！自我萬歲！願天長地久，諸事如願！」

這個青年的認識也許有些偏頗——他把偉人的缺點與自己的缺憾相比，因為他的五官與身材實在使人無法恭維，但是他清楚地認識到自己和偉人之間沒有本質的區別。

將自己的每個優點都列出來，以讚賞的眼光看它們，經常看，最好背下來。將注意力集中於自己的優點，你會在內心建立信心：我是一個有價值、有能力、與眾不同的人。

鏡子中的那個人，才是真正的你

你瞭解自己嗎？

想要對自己多瞭解一些，有一個好方法，那就是：自己對著鏡子照一照。站在鏡子前面，越久越好。你仔細地看看自己，真正仔細地看看自己。

先看看自己在鏡子中的影像，然後說：「這個人擅長……此外，如果可以增進……方面的技能，就會更有用。」並且摘要記下答案。

然後，仍然繼續注視你在鏡子中的影像，思考一下，你在這個世界上要做什麼？「這個人完成了……現在正在做，或是打算要做……但是，如果可以向外發展，繼續……就會比較有益。」

最後，「這個人有什麼與眾不同的地方……因此，對於自己的感受是……」

顯然，你可能希望在省略號中填入許多答案。這個照鏡子的練習方式，有一個主要的目的，那就是：你會對自己瞭解得更清楚。

每個人都有長處與短處以及優點與缺點。世界上沒有只有缺點而無優點的人，也沒有只有優點而無缺點的人。明白這一點，就可以坦然正視自己的短處，當別人指出你的缺點，你不會再像以前那樣，拼命地想盡辦法反駁，而是會坦然接受別人的意見。

在別人指出我們缺點的時候，我們應該反省一下，自己為什麼會有那麼多缺點？為什麼以前沒有注意到？是不是自己真的像別人說的那樣？然後根據反思，對症下藥，早日改掉那些缺點。

自我認識也是瞭解別人的欲望與行動最有效的方法。如果你可以正確認識自己的欲望和動機，並且由此推測別人，就可以瞭解別人的欲望和動機。只要你具有洞察自我的能力，你就可以這麼想：既然我對這件事情會有這樣的反應，我相信對方一定也是如此。例如：你的面前有一塊很好吃的蛋糕，你很想吃，這個時候你可以推斷，坐在你身旁的那個人也想吃那塊蛋糕，於是你分一半給他。相信他在高興之餘，也會因為被你猜中心事而對你由衷地佩服。

一個人總是需要與別人交往和相處，因此別人對你的態度相當於一面鏡子，用以觀測自身的一些情況。例如：某人如果為父母所鍾愛，為師長所重視，為朋友所尊重，每個人都樂於和他交往，願意和他一起工作或娛樂，就表示他具備某些令人喜愛的品格。如果他經常被人們推舉承擔某項工作，或是經常成為人們求教的對象，就表示他具備某些才能，或是在某些方面超越其他人。反之，如果一個人不為周圍的人重視和喜愛，甚至對他有厭惡感，不喜歡與他一起工作或是參與其他活動，雖然無法證明這個人缺點滿身，但是通常情況下，他應該會感到不安，要進行自我反省。

鏡子中的那個人，才是真正的你。

我們因為看不見自己的面貌，所以要照鏡子。同樣的，我們在無法準確地衡量自己的品格和行為的時候，就要利用別人對我們的態度來獲得一些印象。

I own the problem——問題算我的

這種自己承擔責任的心情，會加快自己成長的速度。

在遙遠的高山上，住著一個可以預知未來的老人，據說他可以回答任何人提出的問題。有一個年輕人很不服氣，想要愚弄這個老人。他捉了一隻小鳥，藏在身後，然後問：「我手中的小鳥，是活的還是死的？」這個年輕人想：如果老人說小鳥是活的，我就把牠掐死；如果老人說小鳥是死的，我就鬆手讓牠飛走。

老人鄭重地看著這個年輕人說：「生命就掌握在你的手上！」

在你的人生中，有許多自己要完全負責的事情，也有許多自己完全可以控制的事情。所以，把「問題算我的」這種思維方式推廣到人生的各個方面是很重要的。

也許我們在實際應用這種思維方式的時候會有一些困難，你怎麼相信甚至宣稱自己周圍發生的所有事情，都是可以採取或不採取行動的結果？

把你的注意力透過這種思維方式從這個問題上移開，集中到人生中是什麼給你帶來自己想要的結果的問題上，這樣做對你很有益處。

哪種思維方式會讓你的人生更豐富更有成果？背負起十字架，做一個完全的責任者吧！這種思維方式對個人的成長和發揮影響力以及創造充實的生命都是至關重要的，因為「背負十字架」具有超乎尋常的力量！

威廉・詹姆斯說：「你完全接受自己責任的那一天，你停止為自己找藉口的那一天，就是你創造生命奇蹟的那一天！」

把責任融入自己的信念系統中，你會十分受益。

大海退潮的時候，海灘上布滿被留下的魚，牠們痛苦地掙扎。一個孩子辛苦地撿起牠們，幫助牠們回到大海裡。

遊客看見了，問孩子：「這麼多魚，你可以撿得完嗎？」

孩子回答：「雖然我撿不完，但是救一條是一條！」

孩子頭也不抬地忙著，他的舉動和話語震撼遊客，遊客也跟著忙起來，越來越多的人加入進來。

I own the problem。問題算我的！是的，你是責任者！你對你的家庭負責，你對你的工作負責，你對你的朋友負責。

反省，「每日四問」式記日記方法

反省自己？

少來這一套！

你一定會有這種反應吧！因為要你把反省當成功課來做，這句話是十足的老師口吻。事實上，這句話價值連城，如果可以好好地加以實踐，保證受益匪淺。

所謂「反省」，就是反過身來省察自己，檢討自己的言行，看看有沒有要改進的地方。

為什麼要反省？

因為每個人都不完美，有個性上的缺陷和智慧上的不足。年輕人缺乏社會閱歷，經常會說錯話和做錯事。你所做的一切，有時候別人會提醒你，但是絕大多數人看到你說錯話和做錯事的時候都不會說，因此你必須透過反省的方法去瞭解自己的所作所為。

反省什麼？反省那些對你成長中有用的事情！

人際關係是你成長中的大事，反省你有沒有做出不利於人際關係的事情，對某人說的那一句話是否得體，某人對我不友善是怎麼回事。

方法比努力更重要，反省今天所做的事情，是否有不適當之處，怎樣做才會更好。

進步是成長中不可缺少的，反省到目前為止我做的事情使自己有無進步，時間有無浪費，目標完成多少。

反省的好處在於——可以修正自己的行為和方向，可以修正行為來使自己進步。

那些不反省的人不一定會失敗，因為一個人的成敗和先天條件與後天訓練以及機會都有關係。很多偉人都有反省的習慣，因為只有反省，才不會迷失，才不會做錯事。反省非常重要，想要取得快速成長，就要把「反省」當成每天的功課。

事實上，反省無處不在，完全不必拘泥於任何形式，可以在夜深人靜的時候反省，也可以在散步運動或是自己獨處的時候反省。總之，把反省的時間安排在心境平靜的時候——湖面平靜才可以映現你的倒影，心境平靜才可以映現你今天所做的一切。

有一個「每日四問」的記日記方法可以推薦給你，這四個問題是：

（一）今天我改變什麼？

（二）今天我有什麼值得感謝的？

（三）今天我有哪些可以做得更好？

（四）今天我學會什麼？

把反省當成每日的功課，它可以修正你做人處世的方法，讓你有更明確的方向，讓你快樂成長。

勇於及時地承認自己的錯誤

你，要有一種勇氣，一種責任。尤其與別人合作的時候，更需要你說一句：「出錯了，算我的！」

有兩個人在大學時期是同學，畢業以後一起進入演藝圈。他們很有才氣，在學校的時候就顯得與眾不同，兩人雖然彼此惺惺相惜，卻因為好強而暗中較量。

兩人雖然都在演藝圈，但是一位選擇當導演，另一位選擇當演員。

經過一段時間的努力，他們都在工作上表現得很出色，各自擁有一席之地。有一次，剛好有一部電影讓他們合作，基於兩人是好同學，而且對彼此的才能和需求非常瞭解，所以爽快地答應一起合作。

這個導演對演員的要求很嚴格，所以在拍戲的過程中，雖然是自己的同學也毫不客氣地加以指責。已經是名演員的同學也有自己的意見，所以片場的火藥味很濃。

有一天，導演因為幾個鏡頭一直拍不好，不禁怒火中燒，對著自己的同學大發脾氣，「我從來沒有見過像你這麼爛的演員！」

名演員一聽，臉色蒼白，愣住了。他走到休息室，不願意出來繼續拍戲。

經過眾人的勸說，導演摸著鼻子走到休息室，對同學說：「你知道，人們在生氣的時候，難免會口不擇言，可是冷靜下來以後……」

名演員一聽，對方是來道歉的，不禁把頭抬得高高的。

導演看見他那副模樣，竟然支支吾吾地說不出後面的話，過了一會兒才說：「我……我想了想……還是覺得你是一個很爛的演員！」

此話一出，後果可想而知，名演員退出這部電影，兩人從此絕交。

後來，兩人在演藝圈奮鬥一生，年華老去。直到名演員罹患重病，臨死之前要求見導演一面。

導演聽了，急忙趕到醫院，在名演員嚥下最後一口氣以前，淚流滿面地對他說：「我發誓，你是我這輩子見過最好的演員！」

名演員注視老同學，含笑而逝。兩人多年的心結，雖然終於冰釋，只可惜晚了一些。

要勇於及時地承認自己的錯誤。掩飾自己的錯誤，將會犯下更大的錯誤。如同人們為了一句謊言，會用更多的謊言來掩飾一樣。

你的人生財富都始於自我意識

拿破崙．希爾曾經說：「所有的成就和財富，都始於一個意念，即自我意識。」

自我意識是一個人對自己的認識和評價，也就是對自己的心理體驗，即「我屬於哪種人」的自我觀念。具體來說，自我意識包括自己對以下問題的回答：「我是一個什麼樣的人？我有什麼樣的個性？有什麼樣的優缺點？我有什麼價值？有無巨大的潛能？我期望自己成為什麼樣的人？達到什麼樣的目標？」自我意識就是「我屬於哪種人」的自我觀念，它建立在我們對自身的認知和評價的基礎上。一般而言，一個人的自我觀念都是根據自己過去的成功或失敗，其他人對自己的反映，自己根據自己與環境中其他人的比較意識，特別是童年經歷等四個主要方面不自覺地形成的。根據這些，人們內心就會形成「自我意識」。

以我們自身而言，某種與自身有關的思想或信念進入這幅「自我肖像」，它就會變成「真實的」。在此之後，我們很少去懷疑其可靠性，只會根據它去活動，就像它確實是真實的一樣。**心理學家瑪律茲說，人類的潛意識就是一部「服務機制」——一個有目標的電腦系統。人類的自我意識就像電腦程式，直接影響這個機制運作的結果。**如果你的自我意識是一個失敗的人，就會不斷地在自己內心的「螢幕」上看到一個垂頭喪氣而難當大任的自我，聽到「我沒有出息，我沒有長進」的負面資訊，然後感受到沮喪、自卑、無奈、無能——你在現實生活中，就會「註定」失敗。

另一方面，如果你的自我意識是一個成功人士，就會不斷地在自己內心的「螢幕」上看到一個敢於承受挫折和壓力的自我，聽到「我做得很好，我以後還會做得更好」的鼓舞資訊，然後感受到喜悅、自尊、快樂、卓越——你在現實生活中，就會「註定」成功。

每個人真正需要的是更幸福的人生，以及心目中的崇高目標，這些都可以從豐富的生活和積極的創造過程中體驗到。當我們體驗到幸福和成功的時候，就是在享受豐富的生活。當我們浪費自己的天賦和本能，使自己遭受憂慮和恐懼的時候，就是在扼殺我們的生命力，就是在背棄自我發展和完善的道路。

「在你心靈的眼睛前面，長期而穩定地放置一幅自我肖像，你就會與它越來越相近。」

拿破崙・希爾說：「生動地把自己想像成失敗者，這就使你不能取勝；生動地把自己想像成勝利者，將會帶來無法估量的成功。偉大的人生會以你想像中的圖畫——你希望帶來什麼樣的成就，做一個什麼樣的人——作為開端。」

願望和思維決定你能否成為富人

曾經有人進行這樣的實驗：把十八個富人的財富平均分給十八個富人和十八個窮人，然後讓他們住在同一個村子裡，所處的環境相同，所擁有的財產也相同。就這樣過了兩年，再看看這些人，富人又成為富人，窮人又變回窮人。

這個實驗說明，能否成為富人不是在於客觀條件，而是在於主觀願望和思維觀念，還有個人的能力與努力程度。沒有增加財富的願望和能力，金錢再多也守不住。善於經營的人可以不斷地用錢生錢，擴大財富規模，即使沒有錢也會尋找機會賺到錢。

有一天，一個年輕人跟隨別人去淘金。他在趕往淘金地的路上，遇到一條河流的阻攔，而且河邊沒有船。怎麼辦？突然，年輕人靈機一動：「別人都去淘金，我為什麼不做一個送他們去淘金的人？」

從此，別人去淘金，這個年輕人就划船送這些人過河。面對對岸的黃金誘惑，越來越多的人蜂擁而至。久而久之，這個年輕人就這樣發跡了。

其實，成功就是這麼簡單。只要轉換想法和思路，就可以避開競爭焦點的鋒芒，迅速搶佔潛藏的市場。但是說起來簡單做起來困難，不是每個人都可以及時調整思維，準確判斷潛在的機會。

許多人習慣跟著前人走，跟著經驗走，用老辦法來解決新問題，結果當然不會成功。事物是變化發展的，一切都在變，我們的思維也應該因時因地而改變。很多在當時看來堅不可摧的傳統思維，在不斷進步的科學技術與現代化生活方式的猛烈衝擊下，已經不能滿足現代社會的需求，甚至成為我們通往成功道路上的阻礙。

受到傳統觀念影響，許多人只注重實踐，以為做了就會成功，結果辛苦一輩子卻一事無成。**事實上，他們缺少的不是運氣，不是能力，不是努力，而是一種明智的思維。**

思路不同，結果也會不同。有正確的思路，再加上正確的方法，成功就會指日可待。許多年輕人經常抱怨自己生不逢時：「如果早一點出生就可以趕上經濟起飛的年代，那個時候機會太多了！說不定，現在我們已經是腰纏萬貫的百萬富翁。」可是，果真如此嗎？

有些人把成功歸結為兩個步驟：想和做。一個人成功與否，首先取決於他想不想成功，以及想用什麼方法來實現成功；其次才是把想法付諸實踐，即如何按照既定的想法去實施。這裡的「想」以及「使用什麼方法」，就是我們平常所說的思維，思維直接決定人們的發展方向。毫無疑問，運用正確的思維方式會使我們在生活與工作中事半功倍。保守落後或是錯誤的思維方式會讓我們事倍功半，甚至半生勞碌，最後卻一無所獲。

時間管理專家的一堂人生課

有一天，時間管理專家為一群商學院學生講課。他現場做的示範，給這些學生留下難以磨滅的印象。站在這些高智商的學生前面，他說：「我們來做一個測驗。」說完，他拿出一個一加侖的瓶子放在桌上。

隨後，他取出一堆拳頭大小的石塊，慢慢地放進瓶子裡。直到石塊高出瓶口，再也放不下，他問：「瓶子滿了嗎？」所有學生回答：「滿了。」時間管理專家又問：「真的滿了嗎？」他伸手從桌下拿出一桶礫石，倒一些進去，並且使礫石填滿石塊的間隙。「現在瓶子滿了嗎？」他再問一次。

但是這一次，有些學生明白了，「可能還沒有」，一個學生回答。「很好！」時間管理專家說。他伸手從桌下拿出一桶沙子，慢慢地倒進瓶子裡，沙子填滿石塊和礫石的所有間隙。

他又一次問學生：「瓶子滿了嗎？」「沒有！」學生們大聲地說。他再一次說：「很好！」然後，他拿來一壺水倒進瓶子裡，直到水面與瓶口齊平。這個時候，他抬頭看著學生，然後問：「這個例子說明什麼？」一個心急的學生舉手發言：「它告訴我們，無論你的時間多麼緊湊，如果你確實努力，就可以做更多的事情！」「不！」時間管理專家說：「那不是它真正的意思。這個例子告訴我們，如果你不是先放石塊，就再也不能把它放進瓶子裡。什麼是你生命中的石塊？與你的愛人共度時光，你的信仰、教育、夢想，或是和我一樣，教育其他人？千萬要記得，先去處理這些『石塊』，否則你一輩子也無法做到。」

你人生中的「石塊」是什麼？請先把它們放進你人生的瓶子裡。

你想要成為什麼樣的人？這個問題必須在人生剛起步的時候就提出，並且認真思考。

每個人都有不同的發展道路，面臨人生無數次的抉擇，當機會接踵而來的時候，只有那些認定人生終極目標的人，才可以做出正確的選擇，把握自己的人生。

「捨生取義」，這是孟子一生的衡量準繩。「安能摧眉折腰事權貴，使我不得開心顏」，這是李白的終極抱負，所以他放棄做一個御用文人，而選擇縱情山水。

每一次機會，都是變換的誘惑。一些看似無謂的選擇，其實是奠定我們一生成就的基礎。

我們必須記住，什麼才是我們生命中的石塊，並且在起點處就把它放進生命的瓶子裡。

不要限制自己，沒有人規定你怎樣成功

有些人說：「我不能成功，就是因為家境不好！」有些人說是因為年紀太大，有些人說是因為年紀太輕，有些人說是因為經濟不景氣，有些人說是因為口才不好，沒有錢，沒有人幫助等許多原因。

李嘉誠小時候家境貧窮，連書都沒有錢讀，但是他為什麼會成為香港富豪？麥當勞的創辦人雷・克洛克成立麥當勞公司的時候已經五十二歲，他老不老？但是他創辦有史以來最成功的速食連鎖店！

如果你是哈佛大學二年級的學生，你會半途放棄學業去開公司嗎？相信大多數人都會先念完這所世界最知名的商業學校，但是比爾・蓋茲二十歲就休學去創辦微軟公司，他是世界首富。

經濟再不景氣，有沒有人成功？口才不好，但是有沒有成功的人？沒有本錢但是後來成功的人有沒有？如果有，為什麼他們能，你不能？

其實，你永遠不會因為家境不好而無法成功，你也不是因為太老，你也不是因為太年輕，真的！一切限制都是自己給自己的。

你給自己一個藉口，告訴自己無法成功的理由是什麼，你就沒有成功的機會。因為連你都相信自己不能，還有誰會相信你？

你告訴自己因為什麼原因無法成功的時候，就等於在頭腦中對自己下一道命令，限制自己去發揮自己所有的能力。

沒有人規定怎樣才可以成功，沒有人限制你，是你限制自己。假如你不給自己任何限制，沒有人可以限制你。

為什麼要自己綁住自己？這不是一個很愚蠢的舉動嗎？假如你看到一個人拿繩子綁住自己，讓自己動彈不得，你會不會覺得他很可笑？還是覺得他有神經病？

偏偏這種人到處都是，他們一天到晚只會告訴自己：「我不能……我無法……我做不到……好困難……因為我太笨，因為我沒有學歷，因為我剛結婚……因為我孩子太小……因為我愛人……所以我無法成功。」

人生中沒有能不能，只有要不要。只要你一定要，你就一定能。

解放自己！解開把自己綁上的繩子，大展拳腳，大步向前，你會發現自己大有可為，然後覺得自己以前的想法很可笑！

艱難的環境可以毀滅人，也可以造就人

現在許多年輕人總是心存憤懣，整日抱怨命運不公平，抱怨環境對自己造成不利影響。其實，如果他們讀過英國著名作家科貝特當年如何學習的故事，或許就會停止此類抱怨。

科貝特回憶說：「當我還是一個每天薪俸只有六便士的士兵，我開始自學語法。專門為軍人提供的臨時床鋪的邊上，成為我學習的地方，背包就是我的書包。一塊木板往膝蓋上一放，就是簡易的書桌。我沒有錢買蠟燭或是燈油，在寒風凜冽的冬夜，除了火堆發出的微弱光線之外，我幾乎沒有任何光源。而且，即使是依靠火堆的亮光看書的機會，也只有在輪到我值班的時候才可以得到。」

「我沒有任何可以自由支配的用來安靜學習的時間，不得不在室友和戰友的高談闊論、粗魯的玩笑、尖利的口哨聲、大聲的叫罵等各種各樣的喧囂聲中，努力靜下心來讀書寫字。要知道，他們之中至少有一半以上的人沒有思想和教養，極端粗魯野蠻。」

「為了買一枝筆或是一疊紙，我不得不縮衣節食，從牙縫裡省錢，所以我經常處於半饑半飽的狀態。你們可以想像嗎？為了一枝筆和一瓶墨水或是幾張紙，我要付出相當大的代價。每次，揣在我手裡買筆和墨水或紙張的那枚銅幣似乎都有千鈞重。在我當時看來，那是一筆大數目啊！」

「那次，在市場上購買生活必需品以後，我還剩下半個便士。於是，我決定在第二天早上去買一條鯡魚。當天晚上，我饑腸轆轆地上床，肚子咕咕作響，我覺得自己快要餓暈過去。但是，更不幸的事情還在後面。當我脫衣服的時候，我發現那個寶貴的半個便士竟然不知道在什麼時候不翼而飛！我立刻如五雷轟頂，絕望地把頭埋進發霉的床單和毛毯裡，像孩子那樣傷心地號啕大哭。」

但是，即使是在這樣貧困窘迫的不利環境下，科貝特還是坦然樂觀地面對生活，在逆境中臥薪嘗膽而積蓄力量，堅持不懈地追求卓越和成功。

後來，科貝特終於成為著名的作家。

艱難的環境不僅沒有消磨他的意志，反而成為他不斷前進的動力。

科貝特曾經說：「我在這樣貧苦的現實中，還可以征服艱難並且出人頭地，這個世界上還有哪個年輕人可以為自己的庸庸碌碌和無所作為找到開脫的藉口？」

讀到這裡，我們是否感覺到心頭一震。是的，在逆境中也可以出人頭地，拋開所有的藉口和抱怨吧！

「寶劍鋒從磨礪出，梅花香自苦寒來。」艱難的環境可以毀滅人，也可以造就人。但是，它毀滅的是庸夫，造就的是強者！

科貝特的經歷告訴我們，「逆境」是最嚴厲也是最崇高的老師，它用自己特有的嚴格方式教育出各個領域內最傑出的人物。我們想要獲得深邃的思想，在各自領域內取得巨大成功，就不要害怕苦難和鄙夷不幸，要善於從艱難窮困中摒棄淺薄和汲取力量。

—第五章—

克服孤獨與困頓，生活不憐憫弱者

當你足夠強大，困難就微不足道

當你足夠強大，困難和障礙就微不足道；如果你很弱小，困難和障礙就難以克服。向困難屈服的人，必定一事無成。**很多人不明白這一點，一個人的成就與他戰勝困難的能力成正比。**他戰勝的困難越多，取得的成就越大。

成就平凡的人往往是善於發現困難的天才，善於在各個任務中都看到困難。他們莫名其妙地擔心，使自己失去勇氣，如果開始行動，就開始尋找困難，隨時等待困難出現。當然，最終他們發現困難，並且為困難所擊敗。

他們善於誇大困難，缺少必勝的決心和勇氣。即使為了贏得成功，也不願意犧牲一些安樂和舒適作為代價，總是希望別人可以幫助他們，給他們支持。

如果機會總是不青睞他，他找不到自己喜歡做的事情，就會承認自己不是環境的主人，不得不向困難低頭，因為他沒有足夠的力量。

那些只看到困難的人有一個致命的弱點：沒有堅強的意志去驅除障礙。他沒有下定決心去完成艱苦工作的意願，渴望成功卻不想付出代價。他習慣於隨波逐流，淺嘗輒止，貪圖安樂，胸無大志。

這些人似乎戴著一副有色眼鏡，除了困難以外，什麼也看不見。在他們前進的道路上，總是充滿「如果」、「但是」、「或者」、「不能」。

他們認為，去爭取一個著名公司應徵的職位是毫無希望的。因為他去申請的時候，已經有數百個應徵者遞交履歷。失業者如此之多，自己怎麼可能得到工作？如果他有一份工作，會覺得許多同事做得比自己好，更得老闆賞識，自己要晉升存在很多障礙。

有一個年輕人，哀嘆自己沒有機會，抱怨命運註定讓自己平庸，永遠不可能開創自己的事業，只能為別人工作。這樣的人最大的特點是：隨時看到不可征服的困難。他告訴別人，如果別人可以幫助他開辦一家公司，他一定可以取得成功。這樣的年輕人，不可能取得成功，因為他不具備成功的特質。他承認自己不能泰然自若地面對危機，承認自己軟弱，承認在面對困難的時候自己顯得無能為力，別人卻可以克服這些困難。

另一個年輕人說，他渴望受教育，渴望上大學，但是他沒有錢，沒有一個富爸爸，他無法供自己上學。這個年輕人不是真的渴望求學，只是想不勞而獲。有些年輕人知道自己追求什麼，卻畏懼成功道路上的困難。他們把一個小困難想像得比登天還難，只會悲觀地嘆息，直到失去克服困難的機會，一次又一次地陷入惡性循環，最終一事無成。

意志堅定、行動積極、決策果斷、目標明確的人可以排除萬難，勇敢地朝向自己的目標前進，去爭取勝利。**成就大業的人，面對困難的時候，從來不會猶豫徘徊，從來不會懷疑是否可以克服困難，他們總是緊緊抓住自己的目標。**自己的目標是偉大而令人興奮的，他們會堅持不懈地努力，暫時的困難微不足道。

自我改變，才可以克服恐懼與不安

很多人遇到挫折的時候，都習慣為自己做最壞的打算。

其實，你所面臨的困境，許多人都遭遇過。人類的結構是相同的，他們可以從其中找到出路，為什麼你不可以？

一個長期失業又有經濟負擔的中年男子，在無法承受壓力的情況下，最後選擇在汽車裡引火自焚。

一個就讀大學夜間部的學生，白天在工業區上班，因為剛和女朋友分手，一時想不開，將汽車廢氣連接到車裡，因為吸入過多二氧化碳而缺氧，導致死亡。

拿破崙．希爾說：「心態比事實更重要。」

無論你遭遇的事情有多麼絕望和難以解決，都比不上心理的態度。你可以讓這些事情在你尚未採取行動之前就在心理上戰勝你，也可以積極思考來改變這一切。**懦弱不能改變事實，只有自信才可以使你的力量倍增。**只要經常操練你的自信，一切的恐懼和不安將會離你而去。

有一個業務員去找拿破崙．希爾，他說自己去拜訪大人物的時候，往往會嚇得半死，不知道如何克服這個困擾。

拿破崙．希爾聽後，直接問他：「你進到所謂『大人物』的辦公室裡，是否願意四肢著地爬進去，像一隻卑賤的狗一樣畏縮不前？」

「當然不願意！」他惱羞地回答。

「你為什麼心裡還要畏縮害怕？」

他沉默以對。

拿破崙．希爾又問他：「你走到他的辦公室裡，是否願意像乞丐一樣伸出手，乞討一塊錢買熱狗充饑？」

「當然不願意！」

「你過分關心他是否欣賞你，不是就像我剛才說的情形一樣嗎？你不是跪在地上，求他把你當人看待嗎？」

哥倫布依靠信念發現新大陸，而不是依靠航海圖。

信心可以開啟力量的閘門，只要你不疑惑，就可以一件一件地對付困難，所向披靡。

知道自己要的是什麼，建立改變自己的信心，因為信心所帶來的創造力，可以幫助你達成所願。

你知道最快樂的人在想什麼嗎？

清晨，當你睜開眼睛的時候，你是否想過：活著是一件多麼美妙的事情！又是一個愉快的早晨！我從未感到如此開心！今天一定是美好的一天。

一個積極思考者，經常會有意地使自己保持心情愉悅。你期望快樂，就會找到快樂；你尋找什麼，就會發現什麼，這是人生的基本定律。

可以往前看的人，期待將會發生偉大事情的人，一定是幸福快樂的人。

如果一個人不認為自己是快樂的，他就不可能快樂。世界上最快樂的人，是那些具有趣味想法的人。

因此，如果你不快樂，就要對你的思想進行徹底的改造。如果你的心中充滿憤懣和怨恨，就要改變精神生活，採取積極向上的態度，去獲得人生的樂趣。

其實，真正的人生樂趣不是表面上的，或是隨時可見的，而是一種發自內心的感覺。你因為自己的處境和所做的事情而感到深深的幸福。如果你暗中注意那些積極的人，就會發現他們總是在唱歌或是吹口哨。

萬物已經存在，當你覺得心情舒暢的時候，就會情不自禁表現出快樂的神情，也會欣賞萬物，心中的幸福感會油然而生。

你的身體健康狀況與你是否可以享受生活有關係。當你精神振奮、心境開闊、容光煥發的時候，生命也會呈現新的意義。**適當地運動和休息，是心情愉悅的必要因素。**

不難發現，許多人總是等到自己有一種積極感受以後才去付諸行動。很明顯，這些人其實是本末倒置。積極的行動會導致積極的思維，積極的思維會導致積極的人生態度。心態緊緊跟著行動，如果一個人從消極的心態開始，等待感覺把自己帶向行動，永遠無法成為積極心態者。

你必須具有必勝和積極的想法，因為必勝和積極的想法是你成功的必要條件。

一個對自己的內心有完全支配能力的人，對自己有權獲得的任何東西也會有支配能力。你開始運用積極的心態並且把自己看作成功者的時候，就是開始走向成功。

你不能只播下幾粒積極樂觀的種子，然後指望不勞而獲。你必須不斷給這些種子澆水，給幼苗培土施肥。你要是疏忽這些，消極心態的野草就會叢生，奪去你成功土壤的養分，並且最終導致你成功的莊稼枯萎而死。

忘記自我，就可以戰勝憂慮

這是一個關於「如何戰勝憂慮」的故事。

波頓九歲失去母親，母親離家七年以後，才給他寄來第一封信。母親離家三年以後，他的父親死於一次意外。他的父親與人在一個小城合開一家咖啡館，父親出差的時候，合夥人出售咖啡館捲款潛逃。一個朋友打電話給他的父親叫他盡快趕回來，倉促之中，他的父親在車禍中喪生。

波頓有兩個姑姑，又老又病又窮，收留他們家三個小孩。只有他和弟弟沒有人要，鎮上一個窮人家憐憫他們，收留他們。他們害怕其他人把他們當作孤兒，但是這種恐懼是躲不過的。

波頓在這個窮人家寄居一陣子，但是那年光景不好，一家之主失業了，他們沒有能力多養一個人。後來，洛夫廷夫婦把他接到距離鎮上十五公里的農莊，並且收容他。洛夫廷先生已經七十高齡，長年臥病在床，他告訴波頓，只要不說謊、不偷竊、聽話，就可以一直跟他們住在一起，這三個戒律成為波頓的聖經。

他絕對恪守這些規則。他開始上學，但是第一個禮拜情況糟透了。其他的小朋友不斷取笑他的大鼻子，罵他笨，叫他「小孤兒」。他的心裡非常難過，很想打他們一頓，但是洛夫廷先生跟他說：「永遠記住！一個真正的男子漢，不會隨便跟人打架。」

他一直不跟他們打架，直到有一天，一個男孩撿起雞屎丟到他臉上，他痛揍那個男孩一頓，還因此交到幾個朋友，他們說那個男孩罪有應得。洛夫廷太太買一頂新帽子給他，他很喜歡。

有一天，一個女孩把它從他頭上搶去，灌水弄壞了。她說自己把帽子裝水，以便淋濕他的木頭腦袋，讓他變得更清醒。他從來不在學校哭，但是回家以後忍不住哭了。

洛夫廷太太給他一個化敵為友的建議。她說：「如果你先忘記自己，並且對他們感興趣，看看可以幫他們什麼忙，他們就不會捉弄你，或是叫你小孤兒。」他聽了洛夫廷太太的話，用功讀書，雖然他在班上功課最好，但是沒有人忌妒他，因為他會幫助別人。

他幫幾個男孩寫作文，幫人寫辯論稿。有些男孩害怕別人知道是他在幫忙，只告訴媽媽去抓動物。有一個男孩偷偷到洛夫廷夫婦家，把狗綁在穀倉裡，找他幫忙做功課。他幫一個同學寫讀書報告，甚至花費幾個晚上幫一個女孩做算術。村中接連發生幾樁不幸，兩個老農夫相繼去世，一個妻子被丈夫遺棄，他是這些人家中唯一的男性。

兩年來，他一直在幫助這幾個寡婦。上學和放學途中，他會到她們家，為她們砍柴、擠牛乳、餵牲畜。結果，人們不再詛咒他，反而稱讚他，每個人都把他當作自己的朋友。

他由海軍退役回來的時候，人們都流露出真正的感情。他到家的第一天，就有兩百多個鄰居來看他，他們對他的關心是多麼真誠。由於他一直樂於助人，他的煩惱很少。十三年來，再也沒有人捉弄他。有人問波頓為什麼會贏得尊敬和熱愛，他說：「是忘記自我，是忘記自我的態度。」

當我們把所有的熱情都用在為別人考慮的事情上，我們就會有快樂和熱情，同時也有友誼。波頓的故事是如此簡單明瞭，但是它留給我們的啟示卻是有力的。如果在生活中，我們有一種忘記自我的奉獻精神，就會贏得所有人的熱愛。

不要為明天憂慮

在古巴比倫的法典上，有這麼一句話：「不要為明天憂慮。」可是在古希伯來語的譯文中，這句話被譯為：「不要去想明天的事情。」其實這是一種誤譯。

因為如果這樣，不就是不必為自己和旁人的未來訂定計畫？這句話的本義是不要急躁，要避開無用的焦慮，不要對無法預知的事情杞人憂天。

我們都知道，焦慮會耗蝕精力，如果一個人凡事都可以做到深謀遠慮，就可以有所成就。我們不應該焦慮，而是應該冷靜。

經常性的焦慮，不信任一切，被壞心情控制，久而久之，我們會養成壞習慣，變成一種對自己不利的情形。這樣一來，不僅會打擊我們的士氣，使自己焦慮過度，還會把我們變成一個無用之人，甚至奪去我們的生命。

持續不斷地焦慮和煩躁，毫無信心而一事無成，會把身體拖垮，使我們不能好好工作，不能好好思考。

人們在焦慮中往往不用頭腦去思考，總是會鬧情緒，讓消極的情緒特別是恐懼任意調侃自己，虐待自身。**因此，我們要盡力掙脫焦慮的束縛，如同掙脫病魔的束縛一樣。**

有些人總是無法擺脫經常性的憂慮，杞人憂天般地過著思想負擔沉重的生活。就算眼前沒有什麼事情可以憂慮，他們也會找一些事情來憂慮。有些人從本性上就有憂慮的氣質，有些人從小就沉浸於憂慮中，因為不知道下一步會變成怎麼樣，這樣的人生就會灰暗，趕快擺脫它的控制吧！

羅斯福總統也有心情灰暗的時候，有些壞心情甚至永遠無法根除。儘管他也有這樣的心情，但是他的成就卻超過許多心情愉快的人，其秘訣就在於他可以利用和控制自己的壞心情，而不致蒙受其害。

羅斯福總統的傳記作家曾經說，這種憂鬱是羅斯福家族的傳統，可是羅斯福總統卻不像一般人那樣，以此作為藉口而因循偷懶。

人生不應該經常受到擔驚受怕的侵襲，被憂慮蠶食。假使一個人覺得自己內向，應該停下來，從沉思中抬起頭，打開窗戶，看看周圍的人們，給旁人一些鼓勵。

此外，晚上的思潮往往是最荒唐的，它經常會超越理性。如果我們不注意，就會使自己陷入病態。

一個人如果顯得疲憊不堪，多半是因為其內心有什麼煩惱的緣故。遇到困難或危險，給予自己很自然的關切，是一種健全的處置態度。

人生很艱苦，甚至非常艱苦，到處都有可能遭逢險境，但是這樣彷彿是安排好的。否則，如果一切太順利，我們會變成軟體動物。一個人經過多少顛沛，就是經歷多少磨練。

一個低調的人要讓自己的內心鬥志昂揚，低調不憂慮，低調只是一種為人行事方式，絕對要心理健康，精神狀態良好。

只有這個人可以讓你東山再起

美國有一個婦人，名叫雅克妮，她是美國九十家公司的老闆，分公司遍布美國二十七個州，雇用八萬個工人。

她成功的背後隱藏多少付出的艱辛與勤奮，令人難以想像。她原本是一個非常懶惰的婦人，後來她的丈夫意外去世，家庭的全部負擔落在她一個人的身上，而且還要撫養兩個孩子。在這樣貧困的環境下，她被迫去做家務，每天把孩子送去上學以後，就利用下午時間替別人整理家務。晚上，孩子們做功課，她還要做一些雜務。這樣一來，她懶惰的習慣被克服了。後來，她發現很多現代婦女外出工作，無暇整理家務，於是她靈機一動，花費七美元買清潔用品和印製傳單，為有需要的家庭整理瑣碎家務，這個工作需要自己付出許多勤奮和艱辛。她把整理家務的工作變成專一技能，後來大名鼎鼎的麥當勞速食店也找她代勞。雅克妮就這樣日以繼夜地工作，終於使訂單源源而來。

人們有懶惰和依賴的天性，很多人養成這兩種不好的習慣，在突遭變故而失去依賴以後，往往手足無措，怨天尤人，自暴自棄，無法像雅克妮那樣挺起胸膛，自謀生路，自立自強。

以下這個故事，給人們很大的啟示，使許多人受到教育以後，很快地從泥沼中走出來：

查理的工廠宣告破產，他變成一個名副其實的窮光蛋。他無法面對殘酷的現實，他感到非常沮喪，幾乎想要自殺。他失去所有的東西，只好到處流浪，像乞丐一樣生活。

有一天，他去找墨菲，流著眼淚把自己如何破產變成窮鬼，又怎麼流浪生活的事情向墨菲仔細地述說。最後，他誠懇地說：「墨菲先生，我希望你可以指點我，讓我東山再起！」

墨菲看著他，沉默一會兒，然後說：「我對你的遭遇深表同情，我希望自己可以對你有所幫助，但是事實上，我卻沒有能力幫助你。」

查理希望的泡沫立刻破碎了，他臉色蒼白，喃喃自語：「難道我真的沒有出路嗎？」

墨菲考慮一下，然後說：「雖然我沒有辦法幫助你，但是我可以介紹你去見一個人，他可以幫助你東山再起。」

於是，墨菲把查理拉到鏡子前面，用手指著鏡子說：「我介紹的就是這個人，在這個世界上，只有這個人可以使你東山再起，你必須先認識這個人，然後才可以下定決心如何做。在你對此做出充分剖析之前，對於你自己來說，你就是一個沒有任何價值的廢物。」

查理向前走幾步，怔怔地望著鏡子裡的自己，用手摸著長滿鬍鬚的臉孔，看著自己頹廢的神色和無助的雙眸，他不由自主地抽噎起來。

第二天，查理又來找墨菲，他幾乎換了一個人，步伐輕快有力，目光堅定有神。他說：「我終於知道應該怎麼做，是你讓我重新認識自己，把真正的我指點給我，我已經找到一份很好的工作。我相信，這是我成功的起點。」

人們的一生，真正可以幫助自己的，還是自己。一個人的精神如果趴下了，自己沒有想要站起來的信念，就會永遠站不起來，不管別人怎麼去扶他，也是扶不起來。

輸得起放得下，這樣才有機會贏

人們要懂得在什麼樣的情況下認輸，用美國股票大王賀希哈的話來說：「不要問我可以贏多少，而是問我輸得起多少。」只有輸得起的人，才可以贏得最後的勝利。

賀希哈十七歲的時候，就開始自己開創事業。那個時候，他用僅有的兩百五十五美元在股票的場外交易做掮客。不到一年，他就賺取十六萬八千美元。

用這筆錢，賀希哈為自己買下第一套像樣的衣服，還在長島買下一幢房子。

但是，第一次世界大戰的休戰期來了。賀希哈聰明過頭，他以隨著和平而來的較低價格，堅持買下隆雷卡瓦那鋼鐵公司，結果卻受到欺騙，虧得只剩下四千美元。賀希哈坦然面對這次失敗，並且牢記從中得到的深刻教訓：「除非你瞭解內情，否則絕對不要買大減價的東西。」

賀希哈沒有被這次失敗打倒，他放棄股票的場外交易，去做未列入證券交易所買賣的股票生意。剛開始，他和別人合資經營；一年後，他有自己的公司。再後來，他成為股票掮客的經紀人，每個月可以賺到二十萬美元的利潤。

一九三六年，是賀希哈的事業發展中最關鍵的一年。安大略北方早在人們淘金發財的那個年代，就成立一家普萊史頓金礦開採公司。這家公司在一次火災中，全部設備被焚毀，造成資金短缺，股票跌到不值五美分。一位叫做道格拉斯・雷德的地質學家，知道賀希哈是一個思維敏捷的人，就把這件事情告訴他。

賀希哈聽了以後，拿出兩萬五千美元做試採計畫。不到幾個月，黃金就挖到了——只距離原來的礦坑二十五英尺。這座金礦，每年給賀希哈帶來兩百五十萬美元的利潤。

賀希哈懂得認輸，輸得起，所以也贏得徹底！

學會認輸，就是在摸到一張爛牌的時候，不再奢望自己這一盤是贏家；學會認輸，就是在陷入泥塘的時候，及時爬起來，遠遠離開那個泥塘；學會認輸，就是在遭遇挫折的時候，承認自己的缺點，勇敢地調整與放棄。人生切忌戀戰。**有一些事情，大局既然已經無望，就應該趕快放棄，另謀出路，不要為了一個根本不可能完成的目標而空耗自己的一生。我們需要百折不**

撓的意志和勇氣，但是奮鬥的內涵不僅是不屈不撓和堅定不移，還應該包括適時修正目標與調整方位。朝向死路走到底不是英雄，死不認輸最終只會將我們毀掉！

輸得起放得下，這樣才有機會贏！

你應該感謝自己犯下的錯誤

任何成功的人在取得成功之前，沒有不遭遇失敗的。愛迪生在經歷一萬多次失敗以後才發明燈泡，沙克也是在試用無數介質之後，才培養出小兒麻痺疫苗。

費爾茲太太和一家獨立商店，成立費爾茲太太糕餅連鎖店，並且迅速推行到世界各地。由於業務擴張得太快，致使公司的財務受到拖累，費爾茲太太發現自己欠下一大筆債務。

她察覺到想要擁有和經營所有連鎖店的欲望太大了，所以她開始授權給加盟店負責經營，而不再親自參與。這個政策的改變，使她的公司再度獲利，並且出現成長。

你應該把挫折當作是使你發現自己思想的特質以及你的思想和你明確目標之間關係的測試機會。如果你可以瞭解這句話，它就可以調整你對逆境的反應，並且使你繼續為目標努力。挫折絕對不等於失敗——除非你自己這麼認為。

愛默生說：「**我們的力量來自我們的軟弱，直到我們被戳被刺，甚至被傷害到疼痛的程度，才會喚醒包藏神秘力量的憤怒**。偉大的人物總是願意被當成小人物看待，當他坐在佔有優勢的椅子中會昏昏睡去，當他被搖醒、被折磨、被擊敗的時候，就有機會可以學習一些東西。此時，他必須運用自己的智慧，發揮自己的剛毅精神，他會瞭解事實真相，從自己的無知中學習經驗，治癒自己的自負精神病。最後，他會調整自己，並且學到真正的技巧。」

然而，挫折不保證你會得到完全綻開的利益花朵，它只會提供利益的種子，你必須找出這顆種子，並且以明確的目標給它養分和栽培它，否則它不可能開花結果。

上帝正在冷眼旁觀那些企圖不勞而獲的人。

你應該感謝自己犯下的錯誤，因為如果你沒有和它作戰的經驗，就不可能真正瞭解它。

妥善利用你的閒置時間

什麼是逆勢操作？在華爾街，逆勢操作者就是多數人都在買股票的時候賣股票，多數人都在賣股票的時候買股票。如果每個人都在觀望，逆勢操作者就會瘋狂地大買大賣。日常生活中，有很多運用逆勢操作原則的方式，**拿破崙．希爾建議人們「遠離高峰時刻，以避免一窩蜂」**。

將逆勢操作原則運用在時間管理上，別人沒有在做某件事情的時候，你就去做，這樣可以省下許多等待的時間。逆勢操作者會在沒有人排隊的時候去兌現支票和採購，所以他們不會在星期五下午兌現支票，也不會在星期五下午去超級市場，而是在晚上十一點或是早上六點逛二十四小時開放的超級市場。逆勢操作者退房的時間與其他人退房的時間不同，或是他們會選擇旅館自動退房的方式。如果你可以在人潮多起來之前就退房，就不應該在早上九點或十點的時候去排長隊。在辦公室裡，逆勢操作者會在大多數員工外出用餐的時候，使用印表機或影印機。

逆勢操作者甚至不會在過節期間買禮物。時間管理專家尤金不會在過節的時候購買禮物，他都是看到喜歡的禮物就買。假如他真的很喜歡那個禮物，即使不知道最後會將它送給誰，他也會先買下來，而且相信有一天會有其他人喜歡它。他把買回來的禮物放在一個箱子裡，並且給箱子取名為藏寶箱。只要有人過生日或是過節的時候，尤金就會去找藏寶箱，通常都可以找到可以當禮物的好東西，因此不必放下手邊的工作，為了出去買不見得很喜歡而且可能還要花大錢的東西。

逆勢操作者會在人潮湧入飯店之前外出用餐，還會避免不接受訂位或是訂位效率不佳的餐廳。他們會在餐廳的人比較少、侍者和廚師比較輕鬆、廚房裡的食物最新鮮的時候，提早吃午餐或晚餐。逆勢操作者甚至可以因為這個策略而省錢，因為有些餐廳提供早用餐者優惠價格。

逆勢操作者盡量將飛機班次安排在非高峰時段，如此一來，可以避免因為飛機在跑道上等候起飛，或是在天空盤旋等候降落而浪費時間。一般情況下，旅行社的二十四小時售票服務在深夜，通常是半夜的時候，訂位服務的速度特別快。逆勢操作者也盡量在非高峰時刻開車，假如其他人都是在七點三十分到九點之間上班，他們會希望在七點之前進辦公室，或是他們會遲到晚走，享受與許多早到者相同的好處。一位成功人士說，他喜歡在深夜或清晨開車旅行，他解釋：「卡車司機都盡量這麼做，因為那個時候路上沒有車。」

逆勢操作者喜歡彈性上班的方式。許多公司將員工上班時間錯開，雖然辦公室上班的時間延長，但是沒有人會從早待到晚，只有部分工作時間重疊，如此一來，不僅有益公司，也有益個人。一個員工說：「我提早三十至六十分鐘上班，而且第一個小時不接任何電話，先過濾我的工作計畫表，然後在電話和突發事件開始之前，找出一項我可以做完的工作。」如果原本沒有彈性上班這回事，逆勢操作者也會發明出來。

你沒有理由輕言放棄

世界首位女打擊樂獨奏家格蘭妮說：「從一開始我就決定：絕對不能讓任何困難阻止我成為一個音樂家。」

格蘭妮出生在蘇格蘭東北部的一個農場，從八歲就開始學習鋼琴。隨著年齡的增長，格蘭妮對音樂的熱情與日俱增。不幸的是，她的聽力卻在逐漸下降，醫生們斷定是由於難以康復的神經疾病所造成，而且十二歲的時候她會徹底耳聾，可是她對音樂的熱愛卻從未停止。

格蘭妮的理想是成為打擊樂獨奏家，為了這個理想，她學會用不同的方法聆聽別人演奏的音樂。她只穿著長襪演奏，這樣一來，就可以透過身體和想像感覺到每個音符的振動——她幾乎用所有的感官來感受自己全心熱愛的聲音世界。

格蘭妮決定成為一個音樂家，於是她向倫敦著名的皇家音樂學院提出申請。可是，以前從來沒有這種事情發生——讓一個聾學生進入音樂學院，因此一些老師反對她入學，但是她的演奏征服所有的老師。她順利地入學，並且在畢業的時候榮獲學院的最高榮譽獎。

此後，格蘭妮透過不斷努力，成為世界首位專職的女打擊樂獨奏家，並且譜寫和改編很多樂章——那個時候，幾乎沒有專門為打擊樂而譜寫的樂譜。至今，格蘭妮作為獨奏家已經有十幾年時間。她從未因為醫生診斷自己會完全變聾而放棄追求，因為她清楚地知道，醫生的診斷不表示自己的熱情與信心不會有結果。

我們都知道，偉大的音樂家貝多芬也是聾子。但不同的是，貝多芬是成為音樂家以後才變聾，所以他可以做一些譜曲的工作。格蘭妮卻大大不同，她只是一個想成為音樂家的失聰少女。她要練成一身超人的本領，並且進入皇家音樂學院學習，然後實現自己的理想，可謂比登天還難。然而，格蘭妮卻憑藉堅忍的意志，頑強地克服身體的缺陷，成為世界首位女打擊樂獨奏家，不得不令人讚賞與驚嘆！

格蘭妮的自身條件與理想可謂水火不相容，可是她卻堅決不向命運屈服——耳朵殘廢，就利用全身的感官來聽——每一個毛孔，每一個細胞，以及全身的皮膚與神經，都成為她的耳朵！格蘭妮失去一雙真正的耳朵，卻多出千千萬萬個輔助的耳朵。她不僅創造音樂史上的成功範例，也創造人體潛能發揮的奇蹟。格蘭妮，一個柔弱的失聰少女都可以做到，我們又有什麼理由輕言放棄？

—第六章—

將來的你，一定會感謝現在拼命的自己

哪怕是一件小事，都應該用心地去做

哪怕是一件小事，我們都應該用心地去做。

行為本身不能說明自身的性質，而是取決於我們行動時的精神狀態。工作是否單調乏味，往往取決於我們工作的心境。

每件事情對人生都具有十分深刻的意義。你見過泥瓦匠嗎？他們在磚塊和砂漿之中看出詩意；你見過圖書管理員嗎？他們經過辛勤勞動，在整理書籍的縫隙間，感覺到自己取得一些進步；你見過學校的老師嗎？對於按部就班的教學工作，他們從未感到絲毫的厭倦，他們看到自己的學生，就變得非常有耐心，所有的煩惱都拋到九霄雲外。

如果只用別人的眼光來看待我們的工作，只用世俗的標準來衡量我們的工作，工作或許沒有任何吸引力和價值可言。

從外面觀察一個教堂的窗戶，裡面布滿灰塵，光華已逝，只剩下單調和破敗的感覺。如果我們跨過門檻，走進教堂，立刻可以看見絢爛的色彩和清晰的線條。陽光透過窗戶在奔騰跳躍，形成一幅精彩的圖畫。

人們認識事物通常是有局限的，我們必須從內部去觀察才可以看到事物的真正本質。有些工作只從表象上看，無法認識到其意義所在。**每個人只有從工作本身去理解工作，將它看作是人生的權利和榮耀，才可以保持自己個性的獨立。**

不要小看自己所做的每件事情，即使是最小的事情，也應該全力以赴而盡職盡責地去完成。小事的順利完成，有利於大事的順利達成。只有一步一腳印地向上攀登，才不會輕易跌落，工作真正的能量就蘊藏在其中。

終有一日，我會證明給別人看

你也許曾經有很多夢想，卻無法實現，為什麼？環境不對。那就給夢想換一個地方，為什麼不試試看？

從一開始，他就以為自己錯了，但是他始終不願意向朋友認錯，不是因為他不想認錯，而是他覺得也許自己可以找到一個適合的方法，讓開始的錯誤變成最後的正確和勝利。朋友勸他：「不要再癡心妄想，趕快做一些正經事，沒有人會花錢買你的大雜燴！」

朋友所說的大雜燴，就是他的夢想。他夢想有朝一日可以發行自己的雜誌，雜誌的風格定位在關懷人生和弘揚人道主義以及人間親情上。他的想法很奇特，他不想發行各地作者的自由來稿，而是想要從其他報刊上摘選精品，然後彙編到自己的雜誌裡。朋友聽到這個主意就笑他太笨，聲稱別人發表過的作品已經有許多讀者看過，還有誰會再花錢買你都是在別處發表過的作品的雜誌！他反駁朋友：「一個人不可能看完所有的報刊，我做的正是這樣一件事情——讓每個人看到各地的報刊精品。」朋友還是不相信他，並且不支持他。

他不灰心，決定將錯就錯，把別人的錯誤變成自己的正確。他找到一家出版社，說明自己的來意。出版社毫不留情地否決他的想法：「這不可行！這本來就是一個錯誤的決定，我勸你還是放棄這個想法，重新找一條道路吧！」

受到一連串的打擊，他有些心灰意冷，也有些動搖：真的是錯誤的夢想嗎？但是他對自己說：「也許現在為時尚早，但是有一天我會證明給別人看，錯誤只是一個相對的概念，在適當的時候，錯的也會變成對的。」

當時是一九一〇年。後來，他開始漂泊生涯，在顛沛流離之間，他一直沒有放棄被人否定的錯誤夢想，直到有一天，他遇到他的妻子。

妻子得知他的想法以後十分贊成，鼓勵他大膽去做，不必顧慮別人的看法。於是，他開始著手去做每件事情，先是摘選作品，然後發訂單給潛在訂戶，一切都在有條不紊地進行。終於，他等來這一天，一九二二年，他的雜誌創刊了，受歡迎的程度出乎所有人的意料，他自己也難以置信會有這麼多人認同他的「錯誤」！他成功了，被幾個朋友和一些出版社否定的「錯誤」，最終被大眾所認同，成為正確和勝利的象徵。

他叫做華萊士，他創辦的雜誌就是美國的《讀者文摘》。如今，這個最初錯誤的夢想至少被十八種語言所傳播，全世界有許多國家和地區的讀者都可以看到它，並且對它交口稱讚。

對與錯的選擇，有時候就是這麼不可思議。你相信自己的堅持，還是相信眾人的反對？如果握在左手是錯的，為何不放到右手？換一個時間和地點，或許一切會正好相反。而且，無論夢想在哪個手中，記住，一定不要鬆手。

按照我的話去做，不難找到工作

很多年以前，一個年輕人抱持做新聞記者的夢想來到美國西部。他到西部以後人地生疏，感到十分迷茫，於是寫信給報界名人馬克・吐溫，向他請教應該怎樣實現自己的夢想。不久之後，馬克・吐溫回信給他，並且在信中說：「如果你可以按照我的話去做，我可以在報界為你謀得一席之地。現在請告訴我：你想要進入哪一家報社？這家報社在什麼地方？」

年輕人收到回信以後，異常興奮，連忙又寫一封信，說明自己嚮往的報社名稱及其地址。同時，他向馬克・吐溫誠懇表態，表示自己願意聽從他的指示。不久以後，這個年輕人收到馬克・吐溫的第二封回信，信中說：

「只要你願意暫時只做工作不拿薪水，無論你到哪一家報社，其他人都不會拒絕你，例如：你可以對報社的人說，你最近覺得不工作實在很無聊，想要找一份工作來充實生活，但是可以先不要薪水。這樣一來，無論對方現在是否迫切需要人員，都不會拒絕你。」

「等到獲得工作的機會以後，你就要主動做事，讓所有同事感到他們確實需要你。然後，你再去各個地方採訪新聞，並且把寫成的稿件交給編輯部。如果你寫的稿件確實符合他們的要求，編輯就會將其陸續發表。長此以往，你會慢慢晉升為正式外派記者或編輯，大家也會逐漸重視你。到了這一步，你就不必擔心沒有薪水。同事和朋友也會把你的名字與工作業績傳出去，這樣一來，你遲早會獲得一份薪水豐厚的工作。」

「不久，其他報社也會爭相來聘用你。這個時候，你可以拿聘書給主編看，並且告訴主編，其他報社要給你多少薪水。如果這裡也願意付同樣的薪水，你仍然選擇留在這裡做下去。到那個時候，也許其他報社還會給你提高薪水，但是如果數目與這裡相差不多，你最好還是繼續在這裡做。」

讀完信以後，這個年輕人對馬克•吐溫的方法有些懷疑，但是他仍然照著去做。不久，他進入一家著名報社的編輯部；不出一個月，他又收到另一家報社的聘書。原先的報社知道以後，答應給他對方所出薪水數目的兩倍，於是他仍然選擇留在原來的報社裡工作。就這樣，他在那裡繼續工作四年。在這四年中，他又兩次收到其他報社的聘書，也因此調漲兩次薪水。現在，這個年輕人已經是那家報社的主編。

除了那個年輕人以外，還有六個年輕人去請教馬克・吐溫，獲得同樣的指示，並且按照這個指示，找到自己嚮往的工作。如今，美國一位名望很大的日報主編，就是六個年輕人之中的一位。那位主編在二十年以前只是一個普通年輕人，可是經由馬克・吐溫的指點，他順利進入報社，並且地位日漸上升，逐步實現自己的夢想。

一個年輕人只要做事認真，對自己有信心，無論到哪裡都不難找到工作，有工作之後，也不難迅速晉升。天生我材必有用，只要具備過人的才智，就有我們的用武之地。同時，不要害怕自己的付出無法得到相應的回報，要在不求之中求之。只要我們充分展現自己的才能，一定會受到賞識，我們應該得到的報酬一分也不會少。

積極，讓你從柔弱變堅強

積極可以使一個懦夫成為英雄，從心志柔弱變為意志堅強，由消極的人變成積極的人。

班・霍根是一個非常出色的高爾夫球員，他自稱去球場練球是「訓練肌肉記憶力」。他練球的時候，總是重複練習同一個動作，直到自己的肌肉可以「記住」動作的規律。我們的思維習慣也是如此，**我們必須重複訓練思維習慣，直到我們遇到麻煩的時候，思維可以像我們所希望的那樣做出反應。**也就是說，我們的大腦必須被訓練成積極思考的模式。

積極思想只有在你相信它的情況下才會發揮作用，而且你必須將信心與思想過程結合起來。**很多人發現積極思想無效，原因之一就是他們的信心不夠。**他們正在以微小的懷疑和猶豫，不停地給它潑冷水。因為他們不敢完全相信：如果你對它有信心，就會產生驚人效果。

勇敢而大膽的信仰，正是所有成功的法則。沒有任何事物可以永遠阻擋信仰，信仰可以集

中一切力量。只要你有信仰，就會無往不勝。不再遲疑、不再怯懦、不再猜測，勇敢而大膽地相信這一切，這就是勝利。

積極心態真的有效，只要你願意耕耘和培植它，積極心態就可以發揮力量。養成積極思考的習慣不容易，需要艱苦的工作和堅強的信仰，需要誠實地生活，擁有想要成功的欲望。當你確定已經掌握它的時候，就會所向披靡。

賈斯汀・達特瑞是克薩爾藥品公司的一位高級主管，是一個很棒的銷售人員和公司領導者。他說：「積極思想如同打高爾夫球，你打了一兩個好球，就以為瞭解這種運動。但是下一步，你可能就無法擊中球。所以，你必須反覆地實踐積極心態，並且不斷地學習。」

達特瑞說的完全沒有錯。你必須每天不斷學習，調整自己的思維方式。這樣一來，你得到的效果才會超乎自己的想像，這樣的回報才是值得你改變習慣並且付出努力的。

如果你經常保持正面積極的想法，就不必擔心世界會對你產生負面的影響。樂觀進取而有建設性的想法，在再次浮現的時候將會有助於你的成功，而且藉由它們的出現會讓你對所做的事情保持積極的態度。

就像機器零件在持續使用之後會損耗而必須更換一樣，頭腦必須不斷地運作才會更靈活。

你越是經常鍛鍊它，它就會變得越有效率。如果完全不加以使用，結果就會和停止使用的機器一樣。即使功能再強大的機械裝置，或是再聰明的頭腦，不加以使用終究會鏽蝕。

太早放棄，就是浪費時間

如果你曾經參觀開羅博物館，你會看到從圖坦卡門法老王墳墓挖出的寶藏，令人目不暇給。龐大建築物的第二層樓，大部分擺放的都是燦爛奪目的寶藏：黃金、珍貴的珠寶、飾品、大理石容器、戰車、象牙與黃金棺木，巧奪天工的工藝至今無人能及。如果不是霍華德・卡特決定多挖一天，這些不可思議的寶藏也許還在地下不見天日。

一九二二年的冬天，卡特幾乎放棄可以找到年輕法老王墳墓的希望，他的贊助者即將取消贊助。卡特在自傳中寫著：

這將是我們待在山谷中的最後一季，我們已經挖掘一年半，春去秋來毫無所獲。我們一鼓作氣工作幾個月卻沒有發現什麼，只有挖掘者才可以體會這種徹底的絕望感：我們幾乎已經認定自己被打敗，準備離開山谷到其他地方去碰運氣。然而，要不是我們最後垂死地努力一錘，我們永遠也不會發現這個超出我們夢想所及的寶藏。

霍華德・卡特最後垂死的努力，成為全世界的頭條新聞，他發現近代唯一完整出土的法老王墳墓。

最浪費時間的一件事情就是太早放棄，人們經常在做九〇％的工作以後，放棄最後可以讓自己成功的一〇％，不僅失去開始的投資，也失去經由最後的努力而發現寶藏的喜悅。很多時候，人們會開始一個新工作，學習新技藝，然後在成果出現之前失望地放棄。通常，任何新工作都有你懂得比別人少的困難階段。剛開始，每件事情都要掙扎，但是經過一段時間，最初有壓力的工作就會變得輕而易舉。你可能記得嘗試學習另一種語言的狀況，如果你學習幾個月就放棄，你學到的多半不夠讓你運用自如，但是只要多學幾個月或幾年，你也許就可以開口談話。

人們一生中的許多時間，經常在跨過乏味與喜悅以及掙扎與成功的重要關卡之前就放棄。查爾斯・舒茲告訴拿破崙・希爾，他不是一夜成名的人，即使在他出版有名的《花生》漫畫之後，《花生》也不是立刻造成轟動，那是一段漫長而艱辛的過程。大概過了四年，史努比（漫畫中的主角）才受到全國的矚目，真正建立地位花費長達十年的時間。

泛而雜在生活中是致命的弱點

不會放棄的人，永遠無法集中精力，專注於一個目標。懂得放棄的人，深知生命中有太多誘惑，因此把不值得追求的都拋棄，只追求一個目標，只認定一個方向。

成功與失敗的最大區別，不是在於一個人做了多少工作，而是在於他做了多少有意義的工作。很多人所付出的努力本來可以取得顯赫的成就，但是他們的含辛茹苦就像一邊建設一邊破壞，最後的結果仍然是支離破碎的一堆。他們的能力不可謂不夠，時間不可謂不多，但是他們用力推來推去的卻是一個空無一物的紡織機，真正的生活之網上一根線都沒有掛上。

生活中，總是有許多沒有方向而到處張望的人，他們註定只會一無所獲。如果我們沒有明確而具體的奮鬥目標，得到的也不會是明確而具體的東西。只有方向明確並且全力以赴，我們才會有所收穫。

蜜蜂不是落在鮮花上的唯一昆蟲，但它是唯一採到花蜜的昆蟲。**我們年輕的時候，累積和學習多少知識無關緊要，如果我們對自己將來的生活沒有明確的定位，知識就無法與客觀環境進行良好的結合，就無法成為我們事業發展過程中有利的資本和基礎。**

一個不知道自己駛向何處的水手，從來不會一帆風順，更不會到達目的地。即使是最弱小的生命，把全部精力集中到一個目標上，也會有所成就。最強大的生命如果把精力分散，最後也會一事無成。水珠不斷地滴下來，可以把最堅固的岩石穿透。湍急的河流一路滔滔地流過去，卻沒有留下任何的痕跡。

精通一件事情的人，可以在這件事情上做得比其他人更出色，即使這件事情只是種蘿蔔。如果他花費所有的心血來精心培植最好的蘿蔔，他就是「蘿蔔學」的宗師，並且可以得到人們的認同。

蠑螈被切成兩截，前面一部分向前爬，後面一部分向後爬，就像某些目標游移不定的人，快速成長從來不會屬於這種見異思遷而飄忽不定的人。

如果一個人集中所有的精力和心智，堅持不懈地追求一種值得追求的事業，他的生命絕對不可能失敗。把陽光聚焦在一點，在冬天也可以輕而易舉地燃起一團火焰。

那些全力以赴和鍥而不捨的人，一錘又一錘地敲打同一個地方，直到實現自己的願望。我們這個時代的領導者，永遠是那些在自己的領域無所不知，對自己的目標堅定不移，做事專心致志而精益求精的人。

「泛而雜」，在生活中是一個致命的弱點。有些人可以用十種語言進行簡單的對話，卻無法用其中任何一種語言表達自己的觀點。在我看來，還不如把一種語言運用得遊刃有餘。

記住，年輕人的生命只有一個追求的目標，那就是快速成長，其他一切都可以放棄。

超越自卑感，才是真正的成功者

「成功者」與「普通人」的性格區別在於：成功者充滿自信而洋溢活力，普通人即使腰纏萬貫或是富甲一方，內心卻往往灰暗而脆弱。他們的共同點又是什麼？就是人類與生俱來的自卑感。

自卑是一種消極自我評價或自我意識，即個體認為自己在某些方面不如其他人而產生的消極情感，自卑感就是個體把自己的能力和品格評價偏低的一種消極的自我意識。具有自卑感的人總是認為自己事事不如人，自慚形穢，喪失信心，進而悲觀失望，不思進取。一個人如果被自卑感所控制，其精神生活將會受到嚴重的束縛，聰明才智和創造力也會因此受到影響而無法正常發揮作用，所以自卑是束縛創造力的一條繩索。

一九五一年，英國有一個名叫富蘭克林的人，從自己拍得極好的DNA（去氧核糖核酸）

的X射線衍射照片上發現DNA的螺旋結構之後，他以這個發現進行一次演講。然而由於生性自卑，又懷疑自己的假說是錯誤的，進而放棄這個假說。一九五三年，在富蘭克林之後，科學家華生和克里克也從照片上發現DNA的分子結構，提出DNA雙螺旋結構的假說，進而象徵生物時代的到來，兩人因此獲得一九六二年諾貝爾醫學獎。可想而知，如果富蘭克林不是自卑，堅信自己的假說，進一步進行深入研究，這個偉大的發現肯定會以他的名字載入史冊。

可見，一個人如果成為自卑情緒的俘虜，是很難有所作為的。人們為什麼會產生自卑感？**著名的奧地利心理分析學家阿德勒在《自卑與超越》一書中提出自有創見性的觀點，他認為人類的所有行為，都是出自「自卑感」以及對於「自卑感」的克服和超越。**阿德勒認為，每個人都有自卑感，只是程度不同而已。他說因為我們發現自己所處的地位是我們希望加以改進的，人類欲求的這種改進是無止境的，因為人類的需要是無止境的，所以人類不可能超越宇宙的博大與永恆，也無法掙脫自然法則的制約，也許這就是人類自卑的最終根源。

當然，從哲學角度對人類整體狀況分析，人類產生自由是無條件的，但是對於具體的個人，自卑的形成是有條件的。**從環境角度來看，個體對自己的認識往往與外部環境對他的態度**

和評價緊密相關，這一點已經被心理學理論所證實。例如：某人的書法很不錯，但是如果所有他可以接觸到的書法家和書法鑑賞家對他的作品給予否定評價，就有可能導致他對自己書法能力的懷疑，進而產生自卑。

把敬業變成習慣，保證一輩子受益

如果你可以在工作中把敬業變成習慣，保證一輩子受益。

敬業就是敬重自己的工作。在你的成長中，敬業有兩個層次：比較低的層次是拿老闆的薪水，就要對老闆有交代；比較高的層次，就是把工作當成自己的事情，對自己的生命負責。不管是哪個層次，敬業所表現出來的都是認真負責——一絲不苟，善始善終。

大部分的年輕人初進社會，做事都是為了老闆而做，認為可以混就混，反正老闆虧錢又不用自己賠，甚至扯老闆後腿，事實上這對自己沒有任何好處。

敬業看起來是為了老闆，其實是為了自己。**敬業的人可以從工作中學到比別人更多的經驗，這些經驗就是你未來發展的踏板**。就算你以後從事不同的行業，你的工作方法和工作習慣也會為你帶來助力。

把敬業變成習慣的人，從事任何行業都容易成功。

有些人天生就有敬業精神，做事的時候經常廢寢忘食，有些人的敬業精神卻需要培養和鍛鍊。如果你認為自己敬業精神不夠，就應該趁年輕的時候強迫自己敬業——以認真負責的態度做任何事情，直到它變成你的習慣。

敬業的人容易受人尊重，同事和身邊的人也會受到你的影響而改變。敬業的人容易受到提拔，老闆或主管都喜歡敬業的人，因為這樣他們可以減輕工作的壓力。你敬業，他們求之不得。

把敬業變成習慣之後，也許不能為你帶來立竿見影的效果，但可以肯定的是，不把「敬業」變成習慣的人，他的成就相當有限。因為他散漫敷衍而不負責任的做事態度已經深入他的潛意識，做任何事情都會有「隨便做」的直接反應，結果也就可想而知。

千萬不要對目前的工作漫不經心，也不要因為不喜歡目前的工作而混日子，你應該趁此機會，磨練和培養你的敬業精神，這是你的資產。

人生要麼是冒險，要麼什麼都不是

你的人生即將會成為一次神奇之旅，它充滿激動人心的時刻和令人驚異的經歷。如果你在人生道路上可以不斷嘗試和勇於探索，你的人生將會顯得驚心動魄，嘗試和探索就是你願意用刺激擁抱人生的結果。

一個學生請教他的老師，怎樣做才可以學會老師所有的智慧。

老師笑了笑，從桌上拿起一個蘋果，放到嘴邊，大大地咬一口。老師看著他的學生，口中不斷咀嚼蘋果，不發一言。

過了一會兒，老師又張開嘴，將口中已經嚼爛的蘋果，吐在手掌上。

老師伸出手，將已經嚼爛的蘋果拿到學生的面前，然後對著他的學生說：「來，把這些吃下去！」

學生驚惶地說：「老師，這……這怎麼可以吃？」

老師又笑了笑，然後說：「我咀嚼過的蘋果，你當然知道不能吃，但是為什麼又想要汲取我的智慧精華？你難道真的不懂，所有的學習，都要經過你本身親自去咀嚼？」

蘋果新鮮而甜美的滋味，需要由你自己深刻品嘗與體會。**人生的品嘗過程，除了你自己，沒有任何人可以代勞。**

只有自己在嘗試的過程中不斷反省和思考，才可以體會到其中的快樂與幸福。

任何一次讓你超越自己平穩和舒適生活的經歷，都可以被視為嘗試。它可以讓你熱血沸騰和心跳加快，令你渴望超越自我的極限。它使你的地平線得以延伸，並且帶你走入一個嶄新而令人興奮的世界。

在那個世界裡，想像自己年已古稀，然後回顧自己的一生。你想要看到什麼？你只會為自己沒有做過的事情而感到遺憾。我們不想有朝一日回過頭來，發現自己的一生遍布遺憾。**我們想要看到那種人生——盡是由嘗試和冒險造就的美妙時光。**

是的，人生要麼是冒險，要麼什麼都不是。

我們必須牢記的奮鬥真經

日本民間流傳一個動人的故事：

許多年以前，一位妙齡少女來到東京帝國飯店當服務生。這是少女的第一份工作，因此她下定決心：一定要好好做。但是讓少女想不到的是，主管竟然安排她去洗廁所。

這位少女肌膚細膩，喜愛潔淨，從未做過粗重的工作。當她用白皙細嫩的手拿抹布伸向馬桶的時候，胃裡立刻翻江倒海，噁心得想要嘔吐，卻又吐不出來。

主管要求少女必須把馬桶擦洗得光潔如新，少女當然明白「光潔如新」的含義是什麼，可是她實在無法適應洗廁所這個工作。因此，她陷入無邊的困惑和煩惱中，甚至偷偷哭過。

少女面臨人生應該怎樣走下去的抉擇：繼續做下去，還是另謀職業？繼續做下去——太難了！另謀職業，知難而退——人生之路豈有退堂鼓可打？少女不甘心就這樣敗下陣來，因為她想起自己初來時的決心，更知道人生第一步一定要走好，否則會後悔莫及！

就在這個關鍵時刻，公司一位前輩及時出現在少女面前，幫助少女擺脫困惑與煩惱。這位前輩一遍遍擦洗馬桶，直到馬桶光潔如新。然後，他從馬桶裡盛來一杯水，一飲而盡！實際行動勝過千言萬語，前輩不用任何言語就告訴少女一個極為簡單的道理：光潔如新，重點在於「新」。新馬桶裡的水是不髒的，是可以喝的；反過來說，只有當馬桶中的水達到可以喝的程度，馬桶才算是被擦洗得「光潔如新」。

前輩送給這位少女一個含蓄而富有深意的微笑，一束關注與鼓勵的目光。這個時候，少女已經激動得不能自持。她目瞪口呆，熱淚盈眶，從身體到靈魂都在震顫。從此，她痛下決心：「哪怕是洗廁所，我也要比別人洗得乾淨！」

從此，這位少女成為一個全新的人，她的工作品質很快就達到那位前輩的水準。她漂亮地邁出人生的第一步，並且開始不斷走向成功的人生歷程。幾十年光陰一瞬而過，後來這位昔日的少女成為日本政府的郵政大臣，她的名字叫做野田聖子。

「哪怕是洗廁所，我也要比別人洗得乾淨！」這是野田聖子成功的奧秘，也是我們必須牢記的奮鬥真經。社會有不同分工，但是工作沒有高低貴賤之分，哪怕是看起來再不起眼的工作，只要努力奮鬥，辛勤耕耘，也一樣可以做出成績。我們如果抱持「哪怕是洗廁所，也要比別人洗得乾淨」的態度來工作，這個世界上就沒有任何事情可以難倒我們，將我們的信念與意志摧毀！

努力做好身邊的每件小事，才可以擁有做大事的本錢。

決心的價值在於行動

無法累積財富滿足所需的人大多有一個通病，那就是：耳根子軟，容易受人影響。他們任由報紙雜誌和街談巷議來替自己思考。輿論是世界上最不值錢的商品，每個人都有一籮筐的看法，隨時準備加在接受的人身上。如果你做決定的時候受人影響，就會永遠無法做決定。

親戚朋友總是在無意之中，藉由「意見」嘲弄和取笑別人，其本意或許是幽默，結果卻不然。你有自己的頭腦和心智，好好運用，自己做決定。如果你需要別人提供資料才可以下定決心，就要不動聲色，悄悄取得所需的資料，探究事情的真相。

一知半解的人，總是喜歡給人留下無所不知的印象。這種人說得太多，聽得太少。如果你想要養成迅速做決定的習慣，就要少開金口。**話說得太多的人往往一事無成，如果你說的比聽的多，就會向那些樂於打敗你的人暴露自己的計畫和目的。**

在一個學養俱佳的人面前，你每次一開金口，無異於向對方展示你的知識內涵。真正的智慧，往往是在緘默謙和中彰顯出來。

不要忘記一個事實，和你合作的每個人都和你一樣，也在追尋財富。如果你公開談論自己的計畫，別人就會先下手為強，把你的計畫付諸行動。

為了提醒自己遵守和奉行這個忠告，最好將以下的警語用大字抄寫在每天看得見的地方：

「讓全世界的人知道你打算做什麼，但是要先做出一些成績。」

「少說話，多做事才算數。」

林肯決定發表其著名的解放黑奴宣言，賦予美國黑人自由。在發表之初，林肯完全瞭解，此舉將會使得成千上萬原本支持他的朋友和政界人士轉而反對他。

蘇格拉底寧願喝下毒藥，也不願意調整個人信念，正是憑藉勇氣所下的決心。此舉使時代推進一千年，賦予當時的人們那個時候還沒有的思想自由權和發言自由權。

生死一念間。決心的價值取決於下定決心所需的勇氣，奠定文明根基的重大決策，往往要背負生死存亡的風險，才可以做出最後的決定。

遇到各種衝突的時候，如何抉擇？

培養良好的特質，讓自己處在可以培養有益的思想和動機與習慣的環境中。如果你選擇的環境在一段合理的時間之後不見效果，就要尋求替代或改變。

為何會犯罪？一位研究人員說：「人們需要在家庭教育之中，學習判斷是非善惡。」

每個人生來都具有一些良好的特質，犯罪的種類有很多，基本的原因都是由於缺乏對人們的道德與責任感。缺乏道德與責任感的原因則是缺乏罪惡感，良知被矇蔽。

是非對錯有時候很難論定，尤其是道德的衝突。每個人都難免會遇到各種衝突，所以必須有所抉擇，必須在應該做與想要做以及個人的需求與社會的期待之間抉擇。例如：

（一）對父母和丈夫（或妻子）的愛和責任互相衝突。

（二）對某個人與對另一個人的忠誠。

（三）對某個人與對組織（或社會）的忠誠互相衝突。

喬治・強森的公司有一個業務員約翰・布雷克，喬治非常器重他，並且給他《思考與致富》一書，促使他採取行動——錯誤的行動！約翰沒有體會到書中真正的含義，而是斷章取義，只對攫取財富有興趣。他相信以成敗論英雄，這種負面的心態使他誤入歧途。

「喬治就像我的父親，我也把他當成父親。」約翰說。然而，他卻為了一己的私利，計畫挖走公司的客戶和業務員，加入競爭對手的公司。

約翰到同事的家中拜訪，先要求他們信守承諾，不可以出賣他。他接著問：「你是否希望自己的收入加倍，生活更安定？」對方的回答總是：「沒錯！那要怎麼做？」

約翰回答：「你先答應不可以告訴任何人，你做得到嗎？」

如果對方答應，他就開始遊說他們跳槽，加入競爭對手的公司。

有些人拒絕了，只答應不把約翰的計畫說出去，內心卻掙扎不已。他們知道約翰的所作所為，將會嚴重打擊喬治和他的公司。

有些具有正義感的同事，試圖規勸約翰，讓他知道這種做法不正確，他卻執迷不悟。他們知道應該怎麼做：把實情告訴喬治，他們選擇繼續對老闆忠誠。

支持做對的人，離開做錯的人。

在道德互相衝突的時候，可以明辨是非，才是真正有勇氣而忠誠。在你的生活中，也可能遇到很多這種衝突和矛盾的情形。你如何抉擇？衡量的標準是：

只要你的良知不會產生罪惡感，就是對的。

一分鐘時間內，你可以做什麼？

你是否曾經想過，在短短的一分鐘裡，你可以做什麼？

美國一位保險人員自創「一分鐘守則」，他要求客戶只給他一分鐘的時間，讓他介紹自己的服務專案，如果一分鐘到了，他就會自動停止自己的話題，並且感謝對方給他一分鐘的寶貴時間。由於他遵守自己的「一分鐘守則」，所以他在自己一天的時間經營中，工作效率幾乎和業績成正比。

「一分鐘到了，我說完了！」這是他在工作的時候，最常說的一句話。

因為信守一分鐘的承諾，他的信譽在同行和客戶中都很好，同時他也讓客戶瞭解到要珍惜這一分鐘的服務。

富蘭克林是一個非常珍惜時間的人。某次，他因為不滿對方佔用他的工作時間而與對方有這樣的故事：

在富蘭克林報社前面的商店裡，有一個猶豫不決將近一個小時的男子終於開口問店員：「請問，這本書要多少錢？」店員回答：「一美元。」男子又問：「你能不能算便宜一點？」店員以堅定的口氣說：「很抱歉！它的定價就是一美元。」

男子過了一會兒又問：「富蘭克林先生在嗎？」雖然店員已經告訴他，富蘭克林正在印刷室工作，但是他執意和富蘭克林見面，因此店員不得不去請富蘭克林到商店來。

富蘭克林出現以後，男子問他：「富蘭克林先生，這本書的最低價格是多少？」富蘭克林不假思索地說：「一美元二十五美分。」男子大吃一驚：「可是就在一分鐘以前，你的店員說只要一美元。」

富蘭克林回答：「沒錯，但是我寧願倒貼你一美元，也不願意離開我的工作。」言下之意就是那個男子佔用他的時間，所以需要多付二十五美分。

那個男子愣了一下，又說：「好吧，你說這本書最少要多少錢？」富蘭克林說：「一美元五十美分。」男子一聽，不禁大喊：「怎麼又變成一美元五十美分？你剛才不是說一美元二十五美分嗎？」

富蘭克林冷冷地說：「對，但是我現在可以出的最好價錢就是如此。」最後，這個男子只好默默地把錢放在櫃檯上，逕自拿起書離去。富蘭克林為他上的一課——時間就是金錢，令其終生難忘。

善用時間是一件非常重要的事情，如果我們不能把一天的時間加以妥善的規劃，就會白白浪費寶貴的光陰。根據經驗顯示，成功者與失敗者在如何安排時間這個方面的差異十分明顯。人們往往認為幾分鐘或是幾小時沒有太大的不同，但是事實上，即使是一分鐘也可以發揮很大的作用。**富蘭克林曾經說：「你熱愛生命嗎？不要浪費時間，因為時間是組成生命的材料。」甚至還說：「失敗與成功的最大分水嶺只有五個字——我沒有時間。」**

點滴的時間也許不起眼，但是當其累積之後，卻有很大的價值。雖然有時候我們感覺時間忽而飛馳，忽而躊躇不前，然而只要我們贏得時間，就可以贏得一切！

我成功，因為志在成功

成功是不假於人的，雖然每個人都有成功的條件，卻不是每個人都有機會品嘗勝利的果實。

其實，成功與失敗的分水嶺，在於自己是否具有成功的願望。只有想要成功的人，才會勇於接受任何考驗，不會隨便放棄希望。

我成功，因為志在成功，我未嘗躊躇。

成功不是依靠偶然的機會賜予，也不是依靠命中註定的貴人相勸，而是知道自己想要的是什麼，知道如何達到這個願望而採取行動，然後指導自己朝向成功的目標勇往直前。

可是，只有遠大的目標還不夠，應該隨時鞭策自己，不能恃才而驕，或是以為沒關係而隨隨敷衍，如此一來，成功仍然是可望而不可即。

義大利傑出的藝術家達文西，出生在律師家庭。他十七歲的時候，進入著名畫家和雕塑家委羅基奧的畫室學畫。

委羅基奧是一個嚴謹勤奮的藝術家，他也用這種態度來要求學生。第一次上課是學畫蛋，接著連續幾天都一樣。

畫了幾天之後，達文西認為自己畫蛋的技巧已經很成熟，顯得有些不耐煩，一直無法理解老師的用意。

看到達文西不悅的表情，老師立刻瞧出他的心思，然後告訴他：「你不要以為畫蛋很簡單，要是這樣想就錯了。即使是同一個蛋，如果變換一個角度去看，形狀就會變得不同，所以想要在畫布上準確畫好它，必須要下一番苦功不可……」

老師嚴格的指導，使得達文西養成嚴肅認真的藝術觀，每天不斷地勤奮練習，不僅在筆記本上畫滿素描，從此也不敢輕忽任何小步驟。

「即使又簡單又好，還是要做得更好一些。」後來，達文西寫下這句話來激勵自己，讓他取得日後代表歐洲文藝復興時期的最高藝術成就。

要做就做得更好，小事是一件非常容易做的事情，我們不應該心存輕視的態度，反而更要用心做好它，才不會因小失大。**想要到達最高處，就要從最低處開始。小事雖然事小，卻是成就大事的關鍵。**

立刻行動，可以實現你最大的夢想

如何讓你的收入加倍？

克萊門特・史東到亞太地區出差。一個星期二，史東接受澳洲墨爾本商會的邀請，發表一篇演說。星期四晚上，他接到一通電話，那是一家銷售金屬櫃的公司經理愛德恩・伊斯特。他興奮地說：「發生一件奇妙的事情！」

「什麼事情？」

「你在星期二的演講中，推薦十本勵志書籍，其中包括《思考與致富》。那天晚上我看了那本書，第二天早上我又看了很多遍。我在一張紙上寫著：我的主要目標是——今年的業績比去年加倍。奇妙的是，我在四十八小時之內做到了。」

「你怎麼做到的？」

伊斯特回答：「你的勵志演講中，提到保險公司業務員亞爾・艾倫的故事。你說，立刻去做！我找出十個已經被放棄的客戶，分別提出更好的計畫書，複誦數次『立刻去做』。用積極的態度再度拜訪這十個客戶，結果做成八筆生意！」

伊斯特聽了艾倫的故事之後，立刻身體力行。**如果你還不知道應該如何運用積極的態度，我們提醒你——立刻去做！**

立刻行動，可以實現你最大的夢想！

曼利・史威茲喜歡打獵和釣魚，他最大的快樂是帶著釣竿和來福槍進入森林，幾天之後，帶著一身的疲憊和泥濘，心滿意足地回來。

他唯一的困擾是：這個嗜好佔去太多的時間。有一天，他依依不捨地離開宿營的湖邊，回到現實的保險業務工作，突然有一個想法：荒野之中，也有人需要購買保險。如此一來，他外出狩獵的時候，也一樣可以工作！果然，阿拉斯加鐵路公司的員工正是如此，散居在鐵路沿線的獵人和礦工也是他的潛在客戶。

他立刻做好計畫，搭船前往阿拉斯加。他沿著鐵路來回數次，「步行的曼利」是那些與世隔絕的人們對他的暱稱。他受到熱切的歡迎，他不僅是唯一和他們接觸的保險業務員，更是外面世界的象徵。除此之外，他免費教他們理髮和烹飪，經常受邀成為座上賓，享受佳餚。他在短短一年之內，業績突破百萬美元，同時享受登山、打獵、釣魚的無上樂趣，把工作和生活做到最完美的結合！

如果他在夢想出現的時候，沒有立刻行動，可能因為一再猶豫，無疾而終。

立刻去做，可以應用在人生的每個階段。給自己一封信，坐下來寫一封信給自己，述說自己想做的事情和計畫。立刻去做！

只要你邁出一步，距離成功就會更近一步。

無論你現在如何，用積極的態度去行動，就可以達到理想的境地。

—第七章—

只有你，才可以讓自己的人生更美好

透過適合自己眼睛的眼鏡看世界

在十九世紀，曾經有一位著名的主教周遊全國，多次與宗教界和科學界的名人聚會。有一次，他收到一位大學校長寄來的信，邀請他去參加一個上流社會的晚宴。宴會結束以後，客人們又來到大廳中，壁爐裡透出溫暖的火光，空氣中瀰漫香檳美酒和雪茄菸的芳香，各個上流社會的人士紛紛以「未來」這個話題發表高論。

被問及對「未來」的看法，主教的表情立刻變得嚴肅，臉上一直掛著的笑容也驟然消失：「我認為未來的前景很暗淡，我們已經發明和創造一切過去需要發明和創造的事物。我現在可以看到的就是我們處於自我毀滅的道路上，我們正在走向自我沒落。」

聽了這番駭人聽聞的言論之後，大廳內一片寂靜。這個時候，那位大學校長開口了：「親愛的主教，很抱歉，我不能不反駁閣下的觀點，我絕對不能接受這種認為人類處於毀滅邊緣的看法。正好相反，我認為科學在繼續進步，經濟在持續發展，富裕安康的新時代即將來臨。我相信，我們可以期待的未來比以往任何一個時刻還要光明。我不想傷害您，閣下，但是我確實堅信，我們今天所夢想的將會在明天成為事實。」

主教十分驚訝，因為從未有人如此反駁他。「究竟什麼夢想可以成真？」「我相信，有那麼一天，人類可以學會像鳥一樣飛翔……也許甚至可以飛向藍天白雲之中。」「您一定是瘋了！」主教喊了起來：「只有天使才有翅膀！」說完這句話，主教就結束討論，怒氣衝衝地離開大廳，宴會也因此不歡而散。這個主教的名字就是比爾・瓦特。幾十年之後，正是他的侄子奧維爾和威爾伯在微風輕拂的鹽湖湖畔實現人類的飛翔之夢。

如果你說這個只是「例外」，可是人類取得的巨大成就正在使這些「例外」成為事實。

在一個人取得成功之前，他的夢想總是被斥之為胡思亂想。當他取得成功之後，他就成為天才！

成功的關鍵不是在於是否可行，而是在於是否敢想。

為了可以使偉大的夢想成為事實，我們需要一種毫不動搖的樂觀主義精神。這個世界是什麼模樣不重要，重要的是我們怎樣看待它。對於同樣的情況，樂觀主義者做出的判斷以及採取的行動絕對不同於悲觀主義者，尤其是事情的發展過程不像原本計畫的或是期待的那樣。

在印度，有一句十分貼切的諺語：「每個人都是透過適合自己眼睛的眼鏡看世界。」

在這個世界上，你是獨一無二的

人無完人，你就是你自己。無論是做大事還是處理日常生活中的小事，都要有真正的自我。

有一位漂亮的公主，從小被巫婆關在一座高塔裡。巫婆每天對她說：「你的模樣很醜，看到你的人都會害怕。」公主相信巫婆的話，害怕被別人嘲笑而不敢逃走。直到有一天，一位王子經過塔下，讚嘆公主貌美如仙並且救出她。

實際上，囚禁公主的不是高塔，也不是巫婆，而是公主認為「自己很醜」的錯誤認識。我們或許正在被其他人矇蔽。例如：父母和老師說你笨，沒有前途，你就相信了，自卑了，不就像那位公主一樣愚蠢嗎？

有些人認為罹患不治之症是人生最大的悲劇，有些人認為沒有考上大學是人生最大的不幸。其實，我們最大的悲劇與不幸在於我們活著卻不知道自己有多大的潛能和應該做什麼，不懂得用自己的方法處理自己的問題，很容易人云亦云。

認清自己，就知道自己適合做什麼，不適合做什麼，長處是什麼，短處是什麼，進而做到自知，在社會中找到自己適當的位置和符合自己條件的做事方式，使自己的天賦和能力得到充分的開發和利用。

卓別林開始拍電影的時候，導演堅持要他去學習當時非常有名的一個德國喜劇電影演員的風格。卓別林嘗不到成功的滋味，非常苦惱。後來他意識到，必須保持自己的本色。經過不懈的努力，他終於創造一套自己的表演方法而名垂青史。

美國歌星金・奧特雷剛出道的時候，極力想改掉他德州的鄉音，使自己像一個城裡的紳士，結果卻受到人們的恥笑。後來，他終於醒悟過來，開始利用自己的音色唱西部歌曲，終於一舉成名。

索凡石油公司人事部經理麥克曾經接待六萬多個求職者，在他的《謀職的六種方法》一書中，他指出：**來求職的人犯下的最大錯誤，就是不保持本色。他們不以真面目示人，不能完全坦誠地回答你的問題。可是這種做法完全沒有用，因為沒有人願意要偽君子，正如沒有人願意**

收假鈔票一樣。

在美國一所學校的一間教室的牆上，刻著一句話：「在這個世界上，你是獨一無二的。生下來你是什麼？這是上帝給你的禮物；你將會成為什麼？這是你給上帝的禮物。」

「上帝」給你的禮物，我們無法選擇，你給「上帝」的禮物——你將會成為什麼，卻全部由你自己創作，主動權在你的手裡。只要我們懂得認識自我、接納自我、堅持自我，並且不斷地激勵自我和控制自我，我們就可以完善自我和超越自我！

很多人不缺少機會和才華，但是因為缺少對自己的認識和對自己的堅持，與成功失之交臂。**義大利著名的皮衣商安東尼·迪比奧在談到自己成功經驗的時候，感慨地說：「我不是一個天生的成功者，許多人都比我更聰明和更有才華，我唯一比他們強的只是我更懂得堅持自我。」**

在這個世界上，每個人都可以獲得成功，但是不同的人的成功方法是不一樣的。只有認識自我、駕馭自我、超越自我，才可以戰無不勝，從平庸走向成功！

只要你想做好，就一定會做好

信念可以是創造，也可以是破壞，就看你從哪種角度去思考。

哈佛大學最傑出的心理學教授威廉・詹姆斯曾經說：「幾乎無論任何課程，只要你對它滿懷熱忱，就會為了它廢寢忘食。如果使你對某項結果十分關心，你就會獲得成功。如果你想要做好，你就會做好；如果你想要學習，你就會去學習。」

信念不是自然生成的，而是我們從過去的經驗中累積學會的，它是我們生命活力的來源，指引我們人生的方向，決定我們人生的價值。

一個冷酷無情和嗜酒如命而毒癮甚深的人，有幾次差點把命給丟了。有一次，因為看不順眼酒吧裡的一個服務生而犯下殺人罪，被判處終身監禁。他有兩個兒子，年齡相差一歲，其中一個跟父親一樣有很重的毒癮，依靠偷竊和勒索為生，後來也因為犯下殺人罪而坐牢。另一個兒子就不一樣，他是一家企業分公司的經理，婚姻幸福美滿，有三個可愛的孩子，既不喝酒更不吸毒。為什麼有同一個父親，在完全相同的環境下長大，兩人卻有如此不同的命運？在分別的私下訪談中，有人問起造成他們現狀的原因，兩人竟然說出相同的答案：「有這樣的父親，我還有什麼辦法？」不同的是，哥哥無奈地接受環境，弟弟卻不甘心地改變環境。

我們經常會認為一個人的成就深受環境影響，有什麼樣的環境就有什麼樣的人生。這實在是非常荒謬，影響我們人生的不是環境，也不是機會，而是看我們對於這一切抱持什麼樣的態度。

不是環境也不是機會可以決定一個人的一生，而是看他對於這一切賦予什麼樣的意義。**也就是說，他如何認識自己，不僅會決定他的現在，也會決定他的未來。**你的人生到底是喜劇收場還是悲劇落幕，是多姿多彩還是平淡無奇，就在於你到底抱持什麼樣的人生觀。

信念為什麼對我們的人生產生這麼大的影響？**事實上，信念是我們人生中追求快樂和避開痛苦的力量。**一件事情發生的時候，腦海裡會自然浮現兩個問題：一是這件事情對我是快樂還是痛苦（或者說是好還是壞），二是此刻我要採取什麼行動，才可以避開痛苦或是得到快樂。

這兩個問題的答案如何，就要看我們以何種角度來思考。

不要小看經驗，累積的經驗往往會影響我們的決定，或是使我們選擇熟悉的事物，或是使我們「有把握」去做一件從來沒有做過的事情。如果欠缺這種把握，生活中就有很多事情我們不敢去做。經驗可以使我們的生活變得簡單，讓我們勇於嘗試。然而，經驗給予我們的這種把握，經常會使我們產生「自我設限」的想法。

有什麼樣的目標，就有什麼樣的人生

有什麼樣的目標，就有什麼樣的人生。這是真諦，也是無數人證明過的真理。

對於一個正在發展中的人來說，你今天站在哪個位置不重要，但是你下一步要去哪裡卻很關鍵。

我們不能延長生命的長度，但是可以擴展生命的寬度。

或許你覺得現在的地位是多麼卑微，或是從事的工作是多麼微不足道，但是只要你強烈地渴望攀登成功的巔峰，並且願意為此付出艱辛的努力，總有一天你會喜笑顏開，如願以償。

在任何年代和任何國家，社會結構都接近一種金字塔狀。大多數人處在金字塔的底部，只有少數人處在金字塔的頂部。處在底層的人們每天辛苦地工作，只能勉強維持自己的生活。處在塔頂的人則是蒸蒸日上，發展前途不可限量。大多數人只能做普通的工作，有普通的收入，少數人在高層做決斷，享受財富。然而，人們往往忽視一點：這些身處頂端的人，曾經也處在底部，是一個默默無聞的員工，他們一步一步地攀上金字塔的頂部。

為什麼是他們達到眾人矚目的高度？

上帝對每個人都是公平的，希爾頓和洛克菲勒不比任何人擁有更多的時間，他們的成就又是從何而來？差距就在於眼光的高度，在於人生的目標！

絕大多數人的一生都在平庸中度過，儘管他們並非如想像中那樣懶惰閒散和好逸惡勞，甚至好吃懶做，他們之中的很多人甚至非常勤懇，但是他們只能扮演無足輕重的次要角色，其根本原因在於他們缺乏真正的內驅力。

社會的要求，別人的約束，使他們對待本職工作還算盡職盡責，但是他們卻很少去想怎樣才可以讓自己的人生有翻天覆地的變化。也就是說，生活中的大多數人，都是沒有目標的人。一個沒有目標的人，又怎麼可以做到優秀，做到成功？

哈佛大學曾經做過一個著名的實驗：

在一群智力與年齡相近的青年中，進行一次關於人生目標的調查，結果發現：三％的人有十分清晰的長遠目標，一〇%的人有清晰但是比較短期的目標，六〇%的人只有一些模糊的目標，二七%的人根本沒有目標。

二十五年以後，哈佛大學再次對他們進行追蹤調查，結果令人十分吃驚！

三%的人全部成為社會各界的精英和行業領袖；一〇%的人都是各個專業領域的成功人士，生活在社會的中上層，事業有成；六〇%的人大部分生活在社會的中下層，胸無大志，事業平凡；二七%的人過得很不如意，工作不穩定，入不敷出，經常抱怨社會和政府，怨天尤人。

如果我們回溯歷史，就會更明顯地感受到這個道理。成就，永遠是由那些擁有崇高志向的人創造的。**像萊特兄弟一樣的偉大發明家，或是像曼德拉一樣的社會改革家，他們都以追求卓越作為自己的終身目標，是目標將他們推升到金字塔的頂部。**

擋住年輕人前進步伐的，不是貧窮困苦的生活環境，而是內心對自己的懷疑。如果有堅定不移的目標，即使貧窮到買不起一本書，仍然可以經由借閱來獲得知識。我們無法想像一個胸無大志的人會創造一番成就，也無法想像一個像林肯和威爾遜一樣的人，會埋沒在茫茫人海中。他們經歷過一次次的失敗，但是因為有夢想，從來不放棄努力。**夢想，造就他們強烈的內驅力，也造就他們成功的人生。**

微笑面對世界，世界會微笑迎接你

威廉・懷拉是美國推銷壽險的頂尖高手，年收入高達百萬美元，他的秘訣就在於擁有一張令顧客無法抗拒的笑臉。那張迷人的笑臉不是天生的，而是長期苦練出來的。

威廉原本是美國家喻戶曉的職業棒球明星，到了四十歲因為體力漸衰而被迫退休，而後去應徵保險公司業務員。

他以為以自己的知名度應該被錄取，沒想到竟然被拒絕。經理對他說：「保險公司的業務員必須有一張迷人的笑臉，但是你卻沒有。」

聽了經理的話，威廉沒有氣餒，立志苦練笑臉。他每天在家裡放聲大笑上百次，鄰居以為他因為失業而發神經。為了避免誤解，他只好躲在廁所裡大笑。

經過一段時間的練習，他去見經理，可是經理說：「還是不行。」

威廉不洩氣，仍然繼續苦練。他收集許多公眾人物迷人的笑臉照片，貼滿屋子，以便隨時觀摩，又買一個與身體同高的鏡子擺在廁所裡，是為了每天進去大笑三次。隔了一陣子，他又去見經理，經理冷淡地說：「好一點了，但還是不夠吸引人。」

威廉不認輸，回去加緊練習。有一天，他散步的時候遇到社區的管理員，很自然地笑著跟管理員打招呼，管理員對他說：「威廉先生，你看起來與之前不太一樣。」這句話使他信心大增，立刻又去見經理，經理對他說：「有些感覺了，但不是發自內心的笑。」

威廉不死心，又回去苦練一段時間，終於領悟「發自內心如嬰兒般天真無邪的笑容最迷人」，並且練成那張價值百萬美元的笑臉。

微笑是一種富有感染力的表情，對人微笑就是向他表示：「我喜歡你，看到你我很快樂。」它證明你的內心不帶虛飾的自然喜悅，你的快樂情緒會立刻影響身邊的每個人，給別人留下良好的第一印象。

世界上沒有人會願意見到一個臉上布滿陰雲的人，所以你帶給人們最好的一份不花錢的禮物，就是發自內心的微笑。

微笑是人際關係的潤滑劑，在與別人交往的過程中，微笑代表你對周圍人群的好感與友善。經常面帶笑容，可以讓人們感覺你是一個可以親近的人，人們也可以在與你的互動過程中獲得肯定與慰藉。**世界上的語言有千百種，笑容既是全世界共同的語言，也是最受歡迎的語言。**松下幸之助說：「推銷的時候，即使一張卡片的贈品，顧客也會高興，如果沒有隨贈之物，笑容也是最好的禮物。一個發自內心的笑容，可以拉近人與人之間的距離，因為我們的笑容，我們和朋友親近了，人緣變好了，心情自然愉快，更可以在朋友的笑容裡充實我們的自信心，使自己更具有魅力和光彩。」

一個臉上缺少笑容的人，必定是一個冷漠而自閉的人。無論是憂傷或是快樂的表情，都會傳染別人。因此，與其冷若冰霜，不如展露笑顏——當你笑著面對這個世界的時候，這個世界也在笑著迎接你……

什麼方法可以成為世界一流人物？

對於想要成就事業的人來說，勤奮是最好的人格資產。

毫無疑問，懶惰者無法成就事業，因為他們總是貪圖安逸，如果察覺有些風險可能就會嚇破膽。此外，懶惰者缺乏吃苦耐勞的精神，總是妄想天上掉下來的禮物。但是對成功者而言，他們不相信伸手就可以接到天上掉下來的禮物，而是相信勤奮者必有所獲，相信「勤能補拙」這句話的深刻含義。

有些人總是責怪命運的盲目性，其實命運本身沒有那麼盲目。**命運掌握在每個人的手中，尤其是那些勤勞工作的人，只有付出，才會有回報。**只有優秀的航海家才可以駕馭風浪，不識水性的人怎麼可能有這項才能？由人類歷史上的那些成功人士身上可以窺知一二，在他們成就事業的過程中，一些性格上的優點，例如：專注力、持之以恆，往往在他們的事業上發揮很大的影響力。即使是天才，也不能小看這些性格優勢所產生的巨大作用，一般人就更不用說。

有些人認為天才只是教育界的無謂炒作，一位大學校長認為天才就是不斷努力的能力。**約翰·福斯特認為「天才就是點燃自己的智慧之火」，波思認為「天才就是耐心」**。

牛頓被公認為世界一流的科學家，有人問他到底是用什麼方法創造那些非同小可的理論，他誠實地回答：「總是思考它們。」牛頓這樣陳述自己的研究方法：「我總是把研究的課題放在心上，並且反覆思考。慢慢地，起初的靈光乍現終於逐漸變成具體的研究方案。」

就像其他有成就的人一樣，牛頓也是以勤奮和專心致志以及持之以恆才取得成功。放下手上的這個課題而從事其他課題的研究，這就是他全部的娛樂和休息。**牛頓曾經說：「如果說我對社會和民眾有什麼貢獻，完全只是因為勤奮和喜愛思考。」**

由於養成勤奮的工作態度，羅伯特·皮爾才成為英國議會中的傑出人物。當他年紀很小的時候，父親就讓他站在桌子旁邊練習即席背誦和作詩。首先，父親讓他盡可能地背誦一些格言警句。剛開始沒有多大的進展，但是日子久了，他也可以逐字逐句地背誦那些格言的全部內容。後來，他經常在議會中以無與倫比的演講藝術駁倒論敵，實在令人佩服。但是幾乎沒有人知道，他在論辯中表現出來的驚人記憶力，正是他父親早年對他嚴格訓練的結果。

在一些最簡單的事情上，反覆的磨練確實會產生驚人的效果。拉小提琴看起來十分簡單，但是要達到爐火純青的地步，絕對需要多次辛苦的練習。有一個年輕人曾經問小提琴大師卡笛尼學習小提琴要多長時間，卡笛尼回答：「每天十二個小時，連續堅持十二年。」

任何微小的進步都是得之不易的，任何偉大的成功都不可能唾手可得，許多著名的科學家和發明家所擁有的都是勤奮刻苦的人生。誰可以不停止勤奮的腳步，誰就可以像種子不斷從大地汲取營養那樣，不斷地向成功的頂端靠近。

不忙的時候，傾聽德蕾莎修女的傳世名言

這是一個真實的故事，敘述德國第二次世界大戰以後的事情：

一個納粹戰犯被處決，他的妻子因為無法忍受眾人的羞辱，吊死在自家窗戶外面。第二天，鄰居們看見那個可憐的女人。窗戶開著，她兩歲大的孩子伸手向懸掛在窗框上的母親爬去。眼看另一場悲劇就要發生，人們屏住呼吸。這個時候，一個叫做艾娜的女人不顧一切地向樓上衝去，把危在旦夕的孩子救下來。

她收養這個孩子，她的丈夫曾經因為幫助猶太人被這個孩子的父親當街處決。鄰居們沒有人理解她，甚至沒有人同意讓這個孩子留在他們的街區，他們要她把孩子送到孤兒院或是把孩子扔掉。艾娜不願意，有些人經常向她家的窗戶扔穢物和辱罵她。她的孩子也不理解她，動不動就離家出走，還和同伴一起向母親扔石頭。可是，艾娜始終把那個孩子緊緊抱在懷裡，她說

的最多的話就是：「你是多麼漂亮啊，你是一個小天使。」

慢慢地，孩子長大了，鄰居們的行為已經沒有那麼偏激，但還是經常有人叫他「小納粹」，同齡的孩子都不跟他玩。他變得性格古怪，經常以破壞別人的東西為樂。直到有一天，他打斷一個孩子的肋骨，鄰居們瞞著艾娜，把他送到十幾公里以外的教養院。

半個月以後，幾乎要發瘋的艾娜終於找回孩子。當他們再次出現在憤怒的鄰居面前的時候，艾娜緊緊抱著孩子，嘴裡喃喃自語：「孩子無罪。」

孩子就是在那個時候才知道自己的身世，他痛哭流涕，悔恨萬分。艾娜告訴他，最好的補償就是真心地幫助大家。

從此以後，他發憤圖強，每件事情都做得很好。最重要的是，他變得非常關心別人。他中學畢業的時候，收到自己一生最好的禮物：鄰居們每家都派代表來參加他的畢業典禮。

一位女性的悲憫情懷，拯救一個年幼無辜的孩子。**悲憫是人類惺惺相惜的情感，有這份情感，世界才不會冷酷無情到如同一片荒涼的沙漠。**

曾經獲得諾貝爾和平獎而受到全世界敬仰的德蕾莎修女，因為死期與黛安娜王妃接近，於是有些人拿她們兩人來相提並論，可是她們卻是截然不同的兩種類型。

德蕾莎修女沒有黛安娜王妃的絕代風華，她的身材瘦小，其貌不揚，只有一顆美麗的心。黛安娜王妃在安全設備十足的醫院裡跟愛滋病人握手，會有人拍下照片登在報紙上，讓人們歌頌她的愛心，德蕾莎修女卻不知道多少次在骯髒汙穢的街道上擁抱那些罹患皮膚病和傳染病甚至滿身膿瘡的垂死病人，把他們帶回自己的住處，照顧他們和安葬他們。

很多人提起德蕾莎修女的時候，都會覺得她是一個偉大的人，和她相比，自己是卑微無能的，不可能像她，也不可能做她所做的事情。可是在一次聚會上，有人突然又提起她，而且引用她的一句話來勉勵人們：**「我們都不是偉大的人，但是我們可以用偉大的愛，做生活中許多最平凡的事情。」**這句話令人深思。

關愛弱者，幫助弱者，就是一個人應該具備的基本品格。

讓我們重拾失去已久的悲憫情懷，在幫助別人的同時，自己的生活也會感到充滿美好和幸福。

這個人為什麼可以如此平靜和快樂？

喬達摩出生於西元前六世紀，他的父親是釋迦族國王。國王為了讓王位後繼有人，禁止喬達摩離開皇宮，並且以宮廷無盡的奢華和享受誘惑他，極力把他與任何不幸的事物隔開。

然而有一天，喬達摩終於走出皇宮。他坐在皇家馬車中，車外的景象使他驚呆了——一個他從來沒有看過的非常衰老的女人。繼續前行，他又遇到一個奄奄一息的病人和一個沒有雙腿在路邊行乞的殘障者。喬達摩吃驚地領悟到，每個人都會受到病痛的折磨。後來，他又遇到一列抬著屍體的送葬隊伍。喬達摩知道每個有生命的物體都會死去的時候，他感到深深的震驚。

就在喬達摩心緒不寧，被病、老、死困擾的時候，他遇到一個老人。老人看著他，並且對他平靜地微笑。

「生活在人世的苦海中，這個人為什麼可以如此平靜和快樂？」喬達摩驚訝地問。

「他是一位聖者，」趕車人回答：「他已經獲得真理，並且因此得到解脫。」

這些新的發現，喚起喬達摩內心深處對人類的深刻同情，以及對現在受到庇護特權的厭惡，使喬達摩越來越感到強烈的不安。

雖然喬達摩此時已經是一個好丈夫和好父親，但是在他的思想深處，有無法終止的不完美感覺，有對不幸的人們不斷增長而難以抗拒的「同體大悲」。喬達摩認真傾聽自己內心深處的聲音以後，決定離家修行。他帶著解脫生死的宏願，為獲正果，矢志不渝，毅然拋棄自己熟悉和鍾愛的一切，開始求道生活。那一年，他才二十九歲。

出家以後，喬達摩過著與以往完全不同的生活。他先後向兩位大師學習，接受苦行修煉，努力透過苦修與無為來尋求人生真理。經過多年修行，喬達摩最後終於在菩提樹下修成正果，進入高深的境界。自此，喬達摩成為佛陀（覺悟者），人們稱他為釋迦牟尼——釋迦族的聖人。

我們並非要求每個人都像喬達摩一樣，去做出家修行的僧侶，只是建議人們應該選擇一個寧靜的時刻，檢視自己的心靈，即拋開世俗的聲音，傾聽自己的心聲，傾聽它想要追求的究竟是什麼。

在現代社會中，每個人都顯得很忙碌。我們被競爭擠壓著，爭著讀書，爭著工作，爭著賺錢，爭著出國。殊不知，在眾多的壓力下，我們不知不覺距離真正的快樂甚至真正的生活越來越遠。

佛洛伊德說：「人們經常運用錯誤的判斷標準——他們為自己追求權力、成功、財富，並且羨慕別人擁有這些東西，他們低估生活的真正價值。」與存在於我們內心的東西相比，周圍的一切都是微不足道的。可是，人類具有一種先天性的趨同心理，覺得即使是無聊的事情，如果很多人一起去做也會顯得有意思。因此，我們往往不害怕自己錯了，卻深深地害怕只有自己一個人錯了。希特勒站在他的士兵們面前說「為我們的民族而戰」的時候，如果有一個人立刻站出來說「我不想去」，他就是真正的勇士——因為，這需要不可估量的勇氣！

堅持靈魂的方向，不要背叛自己的內心！

祈求什麼，你的人生中就會出現什麼

凡有的，還要加給他，叫他多餘；凡沒有的，連他所有的，也要奪去。

這句話出自耶穌之口，確切地表達「因果法則」的內涵。一個已經擁有財富的人，其生活銘刻上富裕的烙印，並且被這個活生生的想法條件化，他會不斷地發展這種與物質現狀相符的想像。富裕的環境會感染他的思想與態度，並且再度作用於他本身。結果是——富裕的人總是更富裕，健康的人總是更健康，快樂的人總是更快樂。同樣顯而易見的是，一個富裕的社會可以持續增加富裕的程度，一個富裕的國家也可以持續不斷地更富裕。

與此相反，那些精神世界貧乏的人，大多受到負面現實的刻板印象。一般來說，窮人會越來越窮，病人會越來越容易生病，消沉的人會越來越消沉。

或許你從來沒有研究過貧窮與富裕、疾病與健康、不幸與幸福的狀況吧？

如果一個人的外部環境是富裕的，其內在環境——思想境界也是豐富的；如果一個人的外在狀況是病態的，其內心狀況——思想境界也是貧乏的。你一定看過這種事情：只吃藥不能幫助人們恢復健康。藥片只能減輕症狀，甚至使症狀全部消失，卻無法解決精神上的「因」。

對於你祈禱與請求的一切，只要相信自己已經得到它，它就會成為你的一部分。

你祈求什麼，你的人生中就會出現什麼。

為什麼你的祈求會在生活中實現？很簡單，因為你相信這一點！這不是表示，你只要簡單地祈求，就可以心想事成，千百萬的人們都曾經犯過這種錯誤。產生決定性作用的是：你是否在祈禱的同時，也堅信願望將會成為事實？如果你堅信這一點，「因果法則」就會實現：你將會得到它。

你需要從「外部」對自己的生活進行分析，藉此認知自己的「內部」狀態。如果你在經濟方面遇到問題，就應該思考自己對金錢和財富的興趣如何。也許你已經被負面的信念條件化，認為無論自己付出怎樣的勤奮努力，都無法使自己在金錢上有所保障，更無法達到滿足與自由支配的程度。你的「外部狀態」總是你的「內部狀態」的反射，這個「內部」就是你的思想、你的態度、你的條件化、你的「程式設計」。

生活首先是實現的想法。成功源於「追隨」，成功追隨思想而出現。我今天擁有的一切和我所有的「好狀態」，是我自己創造出來的。

許多勤奮的人都在消極意識中生活，他們認為自己不可能成功。這樣一來，會發生什麼事情？結果就是他們真的沒有成功，這個結果又反過來證實他們的想法是正確的。

是的，「現實」不斷地證實那些自己作為信條去固守的事情。

實現夢想的途徑：信心加上行動

信心加上行動，就是實現自己夢想的途徑。用信心支撐你的行動，用行動證明你的信心，你會擁有更多的機會。

一九六八年的春天，舒樂博士立志在美國加州用玻璃建造一座水晶大教堂。他向著名的設計師菲利普・強森表達自己的構想：「我要的不是一座普通的教堂，我要在人間建造一座伊甸園。」

強森問他準備用多少錢來建造這座伊甸園，舒樂博士堅定而明快地說：「我現在一分錢也沒有，所以一百萬美元與四百萬美元的預算對我來說沒有區別。重要的是：這座教堂要具有足夠的魅力來吸引捐款。」

教堂最終的預算為七百萬美元，七百萬美元對舒樂博士來說，是一個不僅超出能力範圍甚至超出理解範圍的數字。

當天夜裡，舒樂博士拿出一張白紙，在最上面寫上「七百萬美元」，然後又寫下十行字：

（一）尋找一筆七百萬美元的捐款。

（二）尋找七筆一百萬美元的捐款。

（三）尋找十四筆五十萬美元的捐款。

（四）尋找二十八筆二十五萬美元的捐款。

（五）尋找七十筆十萬美元的捐款。

（六）尋找一百筆七萬美元的捐款。

（七）尋找一百四十筆五萬美元的捐款。

（八）尋找兩百八十筆兩萬五千美元的捐款。

（九）尋找七百筆一萬美元的捐款。

（十）賣掉一萬扇窗戶，每扇七百美元。

六十天以後，舒樂博士用水晶大教堂奇特而美妙的模型打動富商約翰・可林，他捐出一百萬美元。

第六十五天，一對傾聽舒樂博士演講的農民夫婦，捐出一千美元。

第九十天，一個被舒樂博士孜孜以求精神所感動的陌生人，在生日當天寄給舒樂博士一張一百萬美元的銀行支票。

八個月以後，一個捐款者對舒樂博士說：「如果你的誠意與努力可以籌到六百萬美元，剩下的一百萬美元由我來支付。」

第二年，舒樂博士以每扇五百美元的價格，請求美國人認購水晶大教堂的窗戶，付款的方式為每個月五十美元，十個月付清。六個月以內，一萬多扇窗戶全部售出。

一九八〇年九月，歷時十二年，可以容納一萬多人的水晶大教堂竣工，成為世界建築史上的奇蹟與經典，也成為世界各地前往加州的人必去觀賞的勝景。

水晶大教堂最終的造價為兩千萬美元，全部是舒樂博士一點一滴籌集而來。

不要為金錢放棄家庭、榮譽、健康

馬登在七歲的時候就成為孤兒，不得不自己去尋找住宿和飲食。早年，他讀過蘇格蘭作家史邁爾斯的《自助》一書。史邁爾斯像馬登一樣，在孩提時代就成為孤兒，但是他找到成功的秘訣。《自助》的思想種子在馬登的心中形成熾烈的願望，發展成崇高的信念，使他的世界變成一個值得生活得更美好的世界。

在一八九三年經濟大恐慌之前的經濟繁榮時期，馬登開辦四家旅館。他把這四家旅館委託給別人經營，自己花費許多時間用於寫書。實際上，他要寫一本可以激勵美國青年的書，就像《自助》之前激勵他一樣。就在他勤奮地寫作的時候，令人啼笑皆非的命運捉弄他，也考驗他的勇氣。

馬登把自己的書叫做《向前線挺進》，他採用的座右銘是：「必須把每個時刻都當作重大的時刻，因為誰也不知道命運何時會檢驗你的品格，把你置於一個更重要的地方！」

就在這個時候，命運開始檢驗他的品格，要把他安排到一個更重要的地方。

一八九三年的經濟大恐慌襲來了，馬登的兩家旅館被大火燒得精光，即將完成的手稿也在這場大火中化為灰燼，他的有形財產都付諸東流。

但是馬登具有積極的心態，他審視周圍，看看國家和自己究竟發生什麼事情。他的第一個結論是：經濟恐慌是由恐懼引起的，例如：恐懼美元貶值、恐懼破產、恐懼股票的價格下跌、恐懼工業的不穩定。

這些恐懼導致股票市場崩潰，五百六十七家銀行和貸款信託公司以及一百五十六家鐵路公司破產。失業影響數以百萬計的人們，乾旱和炎熱又使得農作物歉收。

馬登看到周圍物質上和人們心靈上的廢墟，覺得有必要來激勵自己的國家和人民。有人建議他自己管理其他兩家旅館，他拒絕了，佔據他身心的是一種崇高的信念。馬登把這種信念與積極心態結合在一起，又著手寫一本書。他的新座右銘是：「每個時機都是重大的時機。」

他告訴朋友們：「如果有一個時候，美國很需要積極心態的幫助，那就是現在。」

他在一個馬廄裡工作，只用一・五美元來維持每週的生活。他日以繼夜不停地工作，終於在一八九三年完成初版的《向前線挺進》。

這本書立刻受到熱烈的歡迎，被公立學校作為教科書和補充讀本，在商店的員工中廣泛流傳，被著名的教育家和政治家以及商人和業務經理推薦為激勵人們採取積極心態的最有力讀物。它以二十五種不同的文本同時發行，銷售量高達數百萬冊。同時，馬登也成為一個百萬富翁。

馬登和我們一樣，相信人們的品格是取得成功和保持成果的基石，並且認為達到真正完美無缺的品格就會成功。他指出成功的秘密，但是他反對追逐金錢和過分貪婪。**他指出有一件事情比謀生重要千倍，那就是：追求崇高的生活理想。**

馬登闡明為什麼有些人即使已經成為百萬富翁，卻是徹底的失敗者。那些為了金錢而犧牲家庭、榮譽、健康的人，一生都是失敗者，不管他們可以聚斂多少錢財。

他教導我們，崇尚金錢是一種優良品格，但是不要過分沉溺於其中，不要貪財，也不要吝嗇。

成功講座 337
The Power of Inner Peace
心靜的力量

海鴿文化出版圖書有限公司 Seadove Publishing Company Ltd.

作者　拿破崙・希爾
譯者　李慧泉
美術構成　騾賴耙工作室
封面設計　斐類設計工作室
發行人　羅清維
企畫執行　張緯倫、林義傑
責任行政　陳淑貞

出版　海鴿文化出版圖書有限公司
出版登記　行政院新聞局局版北市業字第780號
發行部　台北市信義區林口街54-4號1樓
電話　02-27273008
傳真　02-27270603
e - mail　seadove.book@msa.hinet.net

總經銷　創智文化有限公司
住址　新北市土城區忠承路89號6樓
電話　02-22683489
傳真　02-22696560
網址　www.booknews.com.tw

香港總經銷　和平圖書有限公司
住址　香港柴灣嘉業街12號百樂門大廈17樓
電話　（852）2804-6687
傳真　（852）2804-6409

出版日期　2018年08月01日　一版一刷
　　　　　2021年09月01日　一版十刷
定價　299元
郵政劃撥　18989626　戶名：海鴿文化出版圖書有限公司

國家圖書館出版品預行編目資料

心靜的力量／拿破崙・希爾作 ； 李慧泉譯. --
一版. -- 臺北市 ： 海鴿文化，2018.07
面 ； 公分. --（成功講座；337）
ISBN 978-986-392-239-1（平裝）

1. 成功法

177.2　　107009113

Seadove

Seadove

Seadove

Seadove